受肉の哲学

受肉の哲学

原初的出会いの経験から，その根拠へ

谷　隆一郎 著

知泉書館

はしがき

およそ単純で根源的な言葉は、改めて「それは何なのか」と問われるなら、誰しも容易には答えられない。このことは、かのソクラテスの、「善い」、「美しい」といった言葉をめぐる「愛智の営み」（＝哲学）の基本に関わることであった。そしてそれは、神やキリストという言葉についても、同様な仕方で言いうることであろう。

なぜなら、ありきたりの常識的かつ学的な了解を後にして、「神」、「キリスト」、そして「信・信仰」などの言葉（こと）の真相を虚心に問いゆくときには、一見特殊な宗教的伝統に属すると看做される事柄が、いわば時と処とを超えて、実はすべての人に関わる普遍的な問題として現出してくるからである。この意味では、端的に言っておくとすれば、「イエス・キリストとはいかなる存在なのか」を問うことは、まさに「人間とは何か、そして何でありうるのか」を問うことでもあろう。つまり、真の「神探究」は、恐らくはまた、すぐれて「人間探究・自己探究」ともなるのである。

ところで、ロゴス（言葉、根拠）の「受肉」（ヨハネ福音書第一章第一四節）とは、「神の子キリストが人間として誕生したこと」を意味する表現であった。それゆえ、「受肉の哲学」という書名は、「受肉したキリストの姿」が真に見出され語り出されてきた、当の「原初的出会い」の場と経験にできるだけ立ち帰って、受肉という事態の真相をいささか問い披いてゆくことを示している。

本書はそうした姿勢のもとに、キリスト教とキリストに関する基本的教理をしも――それは「受肉」、「受難」

（十字架）、「復活」などの把握であるが——、「愛智の道行き」（哲学、倫理学）の中心的な問題場面に関わることとして、多少とも吟味し探究しようとするものである。その際、教父（教会の卓越した師父）たちの真に古典的な、今もつねに新しい文脈に依拠しつつ——研究の対象というよりは、むしろいわば導師として——論を進めてゆくことにしたい。

もとより教父たちは、「聖書の、そしてキリストの真実」を最もよく体現した「聖なる人々」でもあるので、その透徹した「生の姿」を前にするとき、その足下にも及ばないというのが正直なところである。ただ、それでもなお、本書のささやかな吟味・探究の営みが、使徒や教父たちのまさに身をもって指し示している「人間の真実」の境位にわずかなりとも与りゆくものとなり、ひいてはまた、真に自己を問い道を求めて生きている広義の同行の方々すべてにとって、小さな道しるべとなりよすがともなれば、筆者の喜び、これに過ぎるものはない。

二〇一九年秋の日に

著　者

目次

目次

受肉の哲学

――原初的出会いの経験から、その根拠へ――

はじめに――イエス・キリストとは誰であったか

「イエス・キリストとは誰であったか」とは、最初期の使徒たちにとって、またその後の教父や師父たちにとって、最も素朴で根本的な問いであった。実際その問いは、数世紀にわたる教父の伝統における「キリスト教教理（ドグマ）の探究」を根底で導くものとなったのである。

周知のようにペトロは、「わたしのことを誰と思うか」というイエスの問いかけに対して、「あなたは生ける神の子、キリストです」（マタイ一六・一六、ヨハネ二〇・三一参照）と端的に答えている。そしてその言葉は、後の教父的伝統にあって、探究を支え導いてゆく根本的な指針となり、また探究の目的を示すものともなったのである。

しかしそれにしても、ペトロは「イエスが神の子、キリスト（メシア）だ」という洞察を一体どこから獲得したのであろうか。それは恐らく、「イエスとの心貫かれるかのような出会い（カイロス）による」とまずは答えられよう。ただ、そうした出会いと驚きとの真相がさらに問いたずねられるなら、その問いは通常の主体・客体関係そのものを超え出た、いわば無限性に開かれたものとなるであろう。

ともあれ、生前のイエスに出会っていたペトロが、「イエスは神の子、キリストだ」というようなことをすでに知り把握していたのではあるまい。なぜなら、福音書の記述では、確かにペトロは生前のイエスに対して先の言葉を表明しているが、「神の子、キリスト」のことを確信しえたのは、あらかじめ言えば、その内的根拠として、「十字架の死から復活したイエス」に何らか出会ったことによると考えられるからである。

では、「イエス・キリストの復活」とは、そもそも何であったのか。あるいは、より正確には、それは使徒たちにとっていかなる事態として経験されたのであろうか。この点について、さしあたり注意しておくべきは、「イエス・キリストの復活」とは、いわゆる客体的事実のようなものではなかったということである。現に福音書のどこにも、そのようなことが主張されているわけではない。しかし他方、復活（甦り）は、不合理で語りえざるものとして、闇雲に信じるほかない事柄でもないのである。

とすれば、「キリストの復活」とは、確かに「語りえざる神秘」に属することであるが、「復活のキリストとの出会い」による「使徒たちの生の変容・再生」や「新しい人の誕生」（エフェソ二・一五、四・二四、コロサイ三・一〇など参照）といったことから離れて、単に客体的出来事として信じられるべきことでもない。そしてここにおいて、「信じる」とか「信・信仰」とかいうものの「原初的な意味」と「成立の機微」とが、改めて問い求められなければなるまい。少なくとも、信仰や啓示などというものをいわば祭り上げて、「キリストの復活」（さらには神の子の受肉、十字架による救い）とは「信仰や啓示によって与えられたもの」とするだけでは、問題の真相は多分に隠されたままになるであろう。

というのも、一般に「対象化」ということの危険性がつねにあるからだ。つまり、いかなることも、それぞれの言葉を根本から吟味しないままに前提してしまうときには、問題の真相がややもすれば覆われてしまう。神、信仰、宗教、啓示、そして自己など、すべて根本的な言葉であればあるほど、それを了解済みのこと、すでに分かっていることにはできない。[1] ともあれ、今われわれが問いかつ吟味してゆこうとしていることに関して言えば、「信・信仰とは何か」とは、その成立の原初的な場と機微とを最後まで見つめ、問い披いてゆくべき事柄なのだ。

それゆえ、本書においては、古来の探究の歴史にあって形成され言語化されてきた信仰箇条（ニカエア信条、カルケドン信条、あるいは使徒信条等々）を、そのまま前提して論を進めるのではない。すなわち、それらを尊重しつつも、むしろそれらが「そこから見出され語り出されてきた当の原初的場面に遡って」、信の意味と成立の構造とを問うてゆくことを基本としたいと思う。それは言い換えれば、「ロゴス・キリストの受肉、受難、復活、そして十字架による贖い、救い」といった問題を、広義の哲学（つまり愛智の道行き）として、また「人間・自己の成立に関わる普遍的問題」として、素朴にかつ根源的に問い披いてゆくことにほかならない。[2]

その際、主として依拠するのは、東方・ギリシア教父のニュッサのグレゴリオス（「カッパドキアの三つの光」の一人、三三五頃―三九五頃）、そしてとりわけ証聖者マクシモス（東方・ギリシア教父の伝統の実質的な集大成者、五八〇頃―六六二）の文脈である。（もとより、以下の論述においては、筆者が従来学び取ってきたアウグスティヌスをはじめ、各時代の哲学・思想的文脈もある程度念頭にあり、何らか浸透していること、言うまでもない。[3]）

そこで、まず第一章においては、「イエスは神の子、キリストである」という言明（把握）が為されたゆえんを、使徒たちの「キリストとの出会い（カイロス）」の原初的場面に即して、多少とも見定めてゆく。ただ、ここに「使徒」という言葉を用いる際、それは過去の特殊な伝統のもとにある特異な人のことではなく、可能性としてはすべての人のことである。

なぜなら、証聖者マクシモスの言うように、諸々の執着や罪のわざを離れ、「愛を通して知的に神に近づく人は、もう一人のアブラハムであるからだ」(『難問集――東方教父の伝統の精華』谷隆一郎訳、知泉書館、二〇一五年、ミーニュ・ギリシア教父全集第九一巻、PG九一、一一四八A、邦訳一三一頁)(以下、単に『難問集』と記し、PG九一も略す)。そして、同様のことは、ダビデについても使徒たちについても語られている。してみれば、われわれもまた、自らの善き意志とわざ・行為を通して――むろん彼我の内的境位は大きく隔たっているとしても――、使徒なら使徒が経験しすぐれて体現した姿に何ほどか参与してゆく可能性を有しているであろう。

第一章　原初的・使徒的経験とその成立根拠をめぐって

――「ロゴスの受肉（神人性）」を証しするもの――

生の根底的変容とその成立根拠

思うに使徒たちは、「イエス・キリストとの出会い（カイロス）」によっていわば、「生の根底的変容」にもたらされ、「新しい人」に甦らしめられた。こうした「キリストとの出会い」とは、生前のイエス・キリストとの出会いである以上に、「復活したキリストとの霊的出会い」である。ただし、「復活したキリスト」という言葉を用いたが、復活というものをある種の客体的事実として前提しているわけではない。むしろその言葉は、「キリストの働き（エネルゲイア）ないし霊（プネウマ）の現前」を意味しているものとする。というのは、この意味での「復活したキリスト」との、つまり「キリストの働き・霊（エネルゲイア・プネウマ）」との出会いがあってはじめて、生前のイエス・キリストの言葉とわざとの根本的意味があらわに開示されていったと考えられるからである。

そこで、本書における探究の基本線をあらかじめ言うなら、「キリストのエネルゲイア・プネウマとの出会い」によって使徒たちに生起した「生の根底的変容」（新しい人の誕生）は、それ自身の成立根拠として、恐らくは「ロゴス・キリストの受肉（神人性）」（ヨハネ一・一四）の働き・現存を証示しているのである。

さて、使徒たちが自らの根本的な変容を経験し、十字架の死をも恐れぬような凄まじい生涯を送ったことは、誰しも疑いえない。そのことについては、キリスト教にもキリスト自身にも関心のない人も、あるいは神やキリストに対する不信を標榜する人も、福音書を虚心に偏見なく読みさえすれば、認めざるをえないであろう。

では、使徒たちの（また後世の幾多の人々の）「生の根底的変容」にあって、その成立根拠として一体何が働いていたのか。この点については、まず基本的に次の二つのことが窺い知られよう。

（i）使徒たち（いわば生身の人間）に現前した働きは、すべての人が抱えているような弱さや罪を否定し打ち砕きうるような、神的かつ超越的な働き・力であったであろう。なぜなら、神的な働き（エネルゲイア）でなければ、「すべての人が罪のもとにある」（ローマ三・九）とされるような、人間の自由・意志の構造そのものに潜む根源的罪から人を脱出させえなかったからである。つまり、そうした罪の否定と超克などということは、およそ人間が自力で（固有な力のみによって）為しうることではない。

（ii）しかし他方、使徒たちに現前した働きは、天の彼方においてではなく生身の人間に適合して働いた以上、人間的な働き（エネルゲイア）でもなければならなかったであろう。

このように言えるとすれば、（i）と（ii）からして、「復活したキリストに何らかまみえた」（と通常は語られる）使徒たちに現前したのは、その内実としては、神的かつ人間的な働き、つまり「神人的エネルゲイア」であったことになろう。[1] そして、一見単純なこの知見は、キリスト教の根本的教理が発見され言語化されていったことのまさに原初的な場に関わっており、「受肉したロゴス・キリスト」の新たな吟味・探究にとって、また「愛智の道行き」（哲学）にとって、小さからぬ意味を有するのである。

ヒュポスタシス・キリストのエネルゲイア　ウーシアとエネルゲイアとの峻別

使徒たちが――われわれの生のいわば範として――「生の根底的変容」を経験したこと自体は、疑う余地のない確かな現実であった。そしてそれは、自然・本性（ピュシス）のある種の完結性（ないし秩序）を突破するような出来事であったであろう。とすれば、いわばピュシスの意味射程に収まりきらない「ヒュポスタシス的現実」が使徒たちに生起したと言ってもよい。なぜなら、恐らくそれは、神の実体・本質（ウーシア）とは区別された「ヒュポスタシス・キリストのエネルゲイア（働き・活動）」に貫かれた「人間的生ないし人間的自然・本性（ピュシス）の変容」という出来事だったからである。(2)

ヒュポスタシス（個的現実、位格）については、次章において証聖者マクシモスの「ロゴス・キリスト論」を取り上げ、詳しく吟味することとし、ここではさしあたり右のことを指摘しておく。

既述のごとく、使徒たちに新たに生起した「生のかたちの変容」は、神人的エネルゲイアとの出会いとその受容にもとづくものであった。従って、ここにとりわけ注目すべきは、そうした「神人的エネルゲイアの現前してきた経験」が、「神人的エネルゲイアの働き出た当の主体（源泉）」としての「神人性存在」を、そしてつまり「受肉したロゴス・キリスト」の現存を遥かに証しし、指し示しているということである。すなわち、簡明に言えば、神人的エネルゲイアの具体的経験が神人性存在（ロゴス・キリスト）を証示しているのである。

ただしかし、このことは決して、単なる同語反復のような言い方ではない。なぜなら、右のように証しされ指し示される神人性存在（ロゴス・キリストの受肉存在）のウーシア（実体・本質）は、有限な時間的世界に生きるわれわれにとってどこまでも知られえず、いわば無限性において在るからだ。こうした「ウーシアとエネルゲイアとの峻別」は、東方・ギリシア教父以来の伝統にあって共通の思想財と目されるものである。しかしそれは、単に認識論上の定式に留まるものではなく、われわれ人間が神的存在、神的生命に何ほどか与りゆく「神化（テオーシス）の道行き」が神人的エネルゲイアによる確かな経験でありつつも、無限性（＝神の名）に徹底して開かれたものであることをすぐれてしるしづけているのである。(3)

神探究（＝自己探究）の第一の対象としての「信のかたち」

ともあれ、ここでは以下の論の指針として、次のことを確認しておこう。信・信仰とは古来、「探究の端緒（はじめ）」として捉えられてきた。だが、同時に強調しておくべきは、「信という魂・人間のかたち」が神探究の、あるいはむしろロゴス・キリスト探究の「第一の対象」でもあるということである。というのも、信というかたちは、神的エネルゲイア・プネウマないし神人的エネルゲイアが魂に受容され宿り来たかたちであるとすれば、そうした信の成立根拠の探究は、ほかならぬ「ロゴス・キリストの探究」となるからである。

言い換えれば、信が探究の端緒であるとはいえ、それは、「自分は信仰を持っている」と安心して、信というものから今度は別の対象に向かうということではない。この点、たとえばアウグスティヌスが、「あなた（神）のうちに安らうまでは、われわれの心は安んじることはない」（『告白』第一巻第一章第一節）と述懐するゆえんである。してみれば、われわれは誰しも「信の成立の場そのもの」に、そして「無限なる根拠（キリスト）との出会い」の原初的経験にその都度新たに立ち帰り、根底に現前し働いているものを凝視しつつ探究の歩を進めてゆくべきであろう。この意味で、その名に値する信とは、神探究（＝自己探究）の端緒であるとともに、「第一の対象」でもあるのである。

パウロにおける「キリストとの霊的出会い」使徒的経験の典型

さて、「キリストとの出会い」という原初的・使徒的経験の一つの典型を示すものとして、パウロの言葉が想起されよう。パウロは生前のイエスと出会っていなかったが、周知のようにダマスコの門で劇的な回心を経験した（使徒九・三―一九）。その出来事はまさにキリストとの霊的出会いであって、それを契機としてパウロは使徒の列に加えられ、いわゆる「異邦人の使徒」としての使命を全うしてゆくことになる。

ともあれ、パウロの次の言葉は、自らの使徒的経験の真相を如実に示していると思われる。つまりそれは、かつてユダヤ教内の学識ある者としてキリスト教徒を迫害していたパウロが、神的エネルゲイア・プネウマ（ないし神人的エネルゲイア）に貫かれて、いわば新たに甦った姿であろう。

わたしは神によって生きるために、律法を通して律法に死んだ。わたしはキリストによって、キリストとともに十字架につけられている。もはやわたしが生きているのではなく、わたしのうちでキリストが生きている。すなわち、今わたしが肉において生きているのは、わたしを愛しわたしのために（十字架の死に至るまで）自らを渡した神の子（キリスト）の信・信仰（ピスティス）によって生きているのである。（ガラテア二・一九―二〇）

この一文には、神の子キリストに関する最も重要な洞察が含まれており、しかもそれらが素朴にかつ鮮烈な仕方で語り出されている。訳文は私訳であるが、通常の訳と多分に異なるのは、あらかじめ言えば次の二点である。すなわち、「キリストによって、キリストとともに十字架につけられている」と訳して、「キリストの（十字架の〉働きによる」と明示したこと、および「神の子（キリスト）の信によって生きている」として、いわば「キリスト自身の範型的な信の働き」を強調したことである。（こうした読みは、後に第四章で見るように、証聖者マクシモスの文脈に依拠している。）ここに、「キリスト自身の信」とは、「父なる神への聴従（従順）」の姿でもあろうが、それはまた、「この世に信が到来したこと」（ガラテア三・二五）とも捉えられるのである。

ところで、パウロは「わたしのうちでキリストが生きている」（二・二〇）と喝破していた。しかもその際、「今わたしが肉において生きているのは、わたしを愛し、わたしのために自らを〔十字架の死に〕渡した〈キリストの信〉によってなのだ」と語っているのである。（つまり、原文のギリシア語をいわゆる主格属格と読む。）してみれば、「キリスト自身の信（つまり、父なる神への聴従）の働き（エネルゲイア）に与ることによって」わたし（パウロ）が現に生きており、そのことが取りも直さず、「わたしのうちでキリストが生きている」と表現されていると解されよう。

パウロのその姿は、先に言及した「神人的エネルゲイア」と出会い、それを一杯に受容した「生のかたち」であろう。そこには、自我の砦を打ち砕くかのような神的超越的な力・働きが現前している。そのとき人間的自然・本性（ピュシス）は、神人的エネルゲイア（あるいは神的エネルゲイア・プネウマ）を受容し生成・顕現させるような「器」ないし「場」となっているのだ。言い換えれば、人間本性という形相（エイドス）が上なる神人的エネルゲイアの現前のために、ある意味で質料化しているのである。(4)

思うに使徒たちはキリストとの出会いを機に神人的エネルゲイアに貫かれ、自己と生との全体を捧げゆくような姿に甦らしめられた。（復活の原初的な意味も、そのことに存しよう。）そこに成立したのは、どこまでも己れを超えて脱自的に神を、そしてロゴス・キリストを愛してゆくような生である。そして、その一点に関しては、後世の教父や師父たちをはじめ幾多の人々にあっても、同じ一つの「新しい生」、「新しい現実以上の現実」（ヒュポスタシス）が生起したと考えられよう。

キリスト自身の信の働き　真の生命のエネルゲイア

では、「キリスト自身の信」の働きとは何なのであろうか。それは既述のように、十字架の死をも否定し凌駕して働く「真の生命のエネルゲイア」であろう。とすれば、ここでのパウロの文脈は、「ロゴスのうちに生命があった。その生命は人間の光であった」（ヨハネ一・四）という「ヨハネ福音書」の言葉と不思議に呼応していると思われる。それゆえ、「ヨハネ福音書」第一章のロゴス・キリスト論も、恐らくは「キリストとの出会い」（つまり、神的エネルゲイア・プネウマ、神人的エネルゲイアの受容・宿り）という使徒的経験の中から、その根底に存する「神的働き・霊の現前」を洞察することによって言語化されてきたものであろう。

ところで、基本的主題をあらかじめ提示しておくとすれば、証聖者マクシモスは「父なる神への聴従」としての「キリストの信」の働きが、人間の「神への道」のいわば範型として現前してくると語っている。ここに神への道とは、「人間的自然・本性の開花・成就」の、つまり「神化」（神的生命への与り）の道でもあった。その際、そうした道がわれわれにとって現に成立してくるための可能根拠として、「受肉したロゴス・キリストの十字架と復活の働き」が極めて象徴的に解釈されている。すなわち、そこにおいて、「十字架の死から復活したキリストの働き」は、その内実としては、人間の悪しき情念や罪をいわば「否定し無化する働き」として、また「新たな誕生」をもたらす力・働きとして、歴史上のその都度の今、ここに生成・顕現してくるのである。

ともあれ、こうした一連の主題については、後に改めて、証聖者マクシモスの文脈に即して吟味・探究してゆくことにしたい。

意志的聴従　「わたしのうちでキリストが生きている」ということの内実

ここではまず、「わたしのうちでキリストが生きている」というパウロの言葉の指し示すところを窺っておこう。この点、証聖者マクシモスは主著『難問集――東方教父の伝統の精華』において、いみじくも次のように語っている。

> 神的な使徒パウロの言うように、子が父に従うような聴従（従順）は……自ら進んで受容する人々が従うということである。そうした聴従に従って、あるいはそれを通して、「最後の敵たる死が滅ぼされる」（二テモテ一・一〇）のだ。……実際、われわれの救い主自身、自ら父への聴従をわれわれの範型として示して次のように言っている。「もはやわたしの意志するようにではなく、あなたの意志するように為したまえ」（マタイ二六・三九）と。
>
> また神的なパウロは、主に倣って己れ自身を否定しつつ、もはや固有の生命を持っているとは思わないかのように、「もはやわたしが生きているのではなく、わたしのうちでキリストが生きている」（ガラテア二・二〇）と言う。しかし、こう言われたからとて、あなたたちは心騒がせてはならない。なぜなら、わたしはその際、自由の廃棄が起こると語っているのではなくて、むしろ自然・本性に即した確かで揺るぎない姿、あるいは意志的（グノーメー的）聴従を語っているからである。それによってわれわれは、「在ること」を確固として保持し、似像（エイコーン）が原型へと回復するように現に動かされることを欲するであろう。（『難

問集』一〇七六A—C、邦訳五三—五四頁）

この文章にあって、キリストの「父なる神への聴従」を範型とした「意志的（グノーメー的）聴従」という言葉が際立っている。

この言葉は、「神的エネルゲイア・プネウマに対する聴従」という意味合いを有している。言い換えればそれは、心砕かれた謙遜のうちに神の霊（プネウマ）を受容し宿すことへと開かれているのである。とすれば、「わたしのうちでキリストが生きている」というパウロの言葉の内実をなす「意志的聴従」とは、すべて人間が「神への道」、「神化（神的生命への与り）の道」をゆくために、恐らくは最も大切な内的姿勢であろう。

ちなみに、この「意志的聴従」という単純な表現は、いわゆる「受胎告知」の際に、乙女マリアが天使ガブリエルに語った言葉をおのずと想起させよう。すなわち、天使はマリアに対して、「聖霊があなたに降り、いと高き者の力があなたを包む。それゆえ、生まれる子は聖なる者、神の子と呼ばれるであろう」（ルカ一・三五）と告げる。そのときマリアは、「わたしは主のはしため（しもべ）です。あなたのお言葉通りに、この身に成りますように」（同、一・三八）と、直截に答えるのである。

これはむろん、「神の子、イエス・キリストの誕生」（ロゴスの受肉）を語る余りに有名なくだりである。[5] しかしそれは、単に不合理とも見えること、ありそうもない奇蹟（驚くべきこと）を語っているだけではない。すなわち、一見神話風のそうした言葉が語り出された根底には、「人間・自己の真の成立」に関わる普遍的な洞察が秘められているのである。

自由・意志の構造　「神への意志的背反」としての罪

ここに問題として浮かび上がる「意志的聴従」という姿は、誰にとってもはじめから備わっていたのではない。なぜなら、人間の自由・意志は、端的に言って、「より善きものにか、より悪しきものにか」という両方向に開かれているからだ。それゆえ、現にあるわれわれは、「善のみを必然的に欲求し意志する」ようには創られておらず、悪しき行い、罪のわざ・行為の方向にもつねに晒されているのである。

この意味では、いわゆる原罪とは、その内実としては、過去に人類の祖先の為した行いである以上に、すべてわれわれにおける「自由・意志の構造」そのものであり、「負の可能性」なのである。もとより、単なる可能性に留まるなら、それは罪とは言えない。が、自由・意志における「負の可能性」は、われわれが誕生してからこの方、さまざまな状況と境遇において多かれ少なかれ「悪しき罪なるわざ・行為」として現実化（ないし身体化）してしまうのだ。パウロが、「すべての人は罪のもとにある」（ローマ三・九）と喝破するゆえんである。

実際パウロにあっても、くだんの「意志的聴従」という姿の現出に先立って、「意志の分裂」の由々しき姿が告白されていた。すなわちパウロは、「わたしは自分の意志する（欲する）善は、これを為さず、意志しない悪を為している」（同、七・一九）と、自らの惨めな姿を嘆いている。そして、そうした意志の分裂は、さらには「神への意志的背反」となるのだ。してみれば、証聖者マクシモスの先のパウロ解釈を承けて、改めて問い披くべき中心的事柄は、「意志の分裂」や「神への意志的背反」（＝罪）の姿から、神的働き・霊への「意志的聴従」という姿への変容・再生の内的機微であろう。

その内的機微に関して、すでに言及したようにパウロは、「わたしのうちでキリストが生きている」という言葉に続いて、その真相を見定めるかのように、こう語っていた。「わたしが今、肉において生きているのは、わたしを愛しわたしのために自らを〔十字架の死に〕渡したキリスト（自身）の信によってなのである」（ガラテア二・二〇）と。それゆえパウロは、聖書的文脈の通常の言い方として、キリストの信の働きを受けて、キリストの生命に与り、その宣教のために凄まじいまでの自己放棄と献身の生を全うしたのだ。ただその際、「キリストの生命」とは、最も基本的には、復活したと信じられる「キリストとの出会い」の場に現前したもの、つまり「十字架の死をも凌駕して甦った真の生命の働き（エネルゲイア）」であろう。またそれは、「ロゴス（キリスト）のうちなる生命」（ヨハネ一・四）でもある。

以下の論述における基本線の提示

「キリストの生命」あるいは「ロゴス・キリストのエネルゲイア・プネウマ」は、われわれが哲学・神学として真に問うべき問題、すなわち「人間的自然・本性の開花・成就」、ないし「神化（テオーシス）（神的生命への与り）」の道行きという問題の根底に、恐らくは時と処とを超えて現前し、われわれを支え導いていると考えられる。そのことをなおも一歩踏み込んで考察してゆこうとするとき、受肉したロゴス・キリストの「十字架と復活」ということが、「人間的生のより善き変容・形成」をもたらす「現実以上の現実」（神秘）として、改めて現出してくるであろう。

そこで、次の第二章においては、『難問集』のはじめ（第一部）「トマスに宛てて」に記された「ロゴス・キリスト論」を――それは歴史上、最も重厚なロゴス・キリスト論であり、まさに規範的表現に達していると思われるが――、一つの角度からまとめ、後の探究の大きな礎として提示する。

第三章では、「人間的自然・本性の開花・成就」および「神化（神的生命、神的存在への与り）」の道に関わる諸問題を簡潔に見定め、さらにはその根底に現前する神的エネルゲイア・プネウマについて基本的なことを見定めておく。

続いて第四章においては――それは本書の一つの眼目でもあるが――、証聖者マクシモスの「十字架と復活」をめぐる象徴的かつ哲学的解釈を取り上げ、その意味射程と全一的・動的構造とをかなわぬまでも吟味・探究してゆくことにしたい。（その際、とくにパウロ書簡中の言葉について、教父の文脈を支えとして若干の解釈を示す。）

また第五章では、それまでの論述を承けて、「他者との霊的かつ全一的交わり（エクレシア、教会）」をめぐって考察してゆく。それは、恐らく「ロゴス・キリストの先在」、「受肉の現在」という事態にも開かれている。そしてそこにおいて、「創造の神秘」とも言うべきことが垣間見られよう。

最後に第六章では、いささか自分史風に本書における探究の道を振り返り、改めて「神的エネルゲイア・プネウマの現存」に思いを潜め、結びに代えたいと思う。

第二章　証聖者マクシモスの「ロゴス・キリスト論」（『難問集』第一部「トマスに宛てて」）のまとめと展望

第一章で述べたように、使徒たち（および後世の幾多の人々）は、「キリストとの霊的出会い」によって「生の根底的変容」にもたらされた。それはまさに、「新しい人の誕生」（二コリント五・一七、ガラテア六・一五、エフェソ四・二四、コロサイ三・一〇など）であり、「新しい存在の現出」でもあった。そして、そうした原初的出会いの根底に現前し働いていたのは、神的なエネルゲイア・プネウマないし神人的エネルゲイアであったと考えられる。

そこに注目すべきは、そのような「神人的エネルゲイアの経験」が、「神人性存在（ロゴス・キリストの受肉存在）」の現存を――その実体・本質（ウーシア）はわれわれにとって決して知られえず、無限なるものと言うほかないが――遥かに証示しているということである。そのことは、「イエス・キリスト」についての基本的教理、つまり神の子の受肉、受難（十字架）、復活をめぐる教理（ドグマ）が、はじめて見出され発語されてきた原初的な場であり契機であったと思われる。

神人的エネルゲイアの現出

そこで、くだんの「神人的エネルゲイアの現出」をいみじくも語り出している言葉として、まずは証聖者マクシモスの代表的表現を挙げておこう。

> 神人的エネルゲイアを自らのためにではなくわれわれのために為した方は、自然・本性（ピュシス）を超えた諸々の働き（エネルゲイア）によって自然・本性を新たにした。そうしたわざ（の意味するところ）は、自然・本性の法に即して導入された生である。しかし主は、自然・本性として二様であり、神的な法と人間的な法とによって混合なく結合された生を同一のものとして担いつつ、それを適切な仕方であらわにしたのである。すなわち、その新しい生とは、単に地上のものと無縁で逆説的なものではなく、また諸々の存在物の自然・本性によって識別されるものでもなくて、新しく生きる人の新たなエネルゲイアをしるしづけているものなのだ。この神秘に対してふさわしい名称を考え出した人は、それを神人的と呼んだ。それは、語りえざる結合・一性に対応する交わりの方式を示さんがためである。（『難問集』一〇五七C―D、邦訳三三―三四頁）

この文章は、神的エネルゲイアと人間的エネルゲイアとが交流し結合しているような「キリストの姿」を示している。と同時に、それは、キリストとの霊的出会いによってもたらされた人間（パウロならパウロ）の姿をも示しているであろう。

ただ、これら二つの姿の間には、いわば無限の落差が存する。すなわち、この引用文によって、一方では、神性（神的自然・本性）と人性（人間的自然・本性）とが「変化も混合もなく」結合したような、いわば「受肉＝神化」なるキリストの生が示されている。しかし他方、「新しく生きる人」（たとえばパウロ）の生と、そこに成立根拠として現前している新たな神人的エネルゲイアとが示されているのだ。そして、人間のそうした生は、決してそれ自体で完結することはなく、全き「神化」（神的生命、神的存在への与り）たる「キリストの生」へと、本来は無限に開かれているのである。

　ここに改めて確認しておくべきは、パウロに一つの典型を見る使徒的経験こそ、そこから基本的なキリスト教理がはじめて発見され言語化されてくる当の源であり、原初的場だということである。

　ちなみに、先述の「神人的エネルゲイアを受容し宿した経験」は、われわれにとって「発見の順序」としてはより先なるものである。そして、そうした源ないし場から「より後なる仕方で」、ロゴス・キリストについての把握（表現）がさまざまに吟味され探究されうるのだ。すなわち、キリストに関しては、われわれにとっての「発見の順序」と「実体・本質の順序」とは異なる。ただしかし、証聖者マクシモスの実際の論述にあっては、重厚なロゴス・キリスト論が詳しく論じられてから、最後の方で、右に引用した「神人的エネルゲイアの現出」が語られているのである。

ロゴス・キリストの姿とその働き　ヒュポスタシス・キリストの神人的エネルゲイア

　以上のことを踏まえた上で、証聖者マクシモスの主著『難問集』の第一部「トマスに宛てて」の中から、ロゴス・キリストの姿とさまざまな奇蹟的わざとを解明している言葉を順次取り上げてゆきたい。

　まず、「ロゴスの受肉」と「人間（肉）の神化」との関わりという中心的事態については、次のように洞察されている。やや長いが、後の吟味と探究のための基本線を示す表現となっているので、一まとまりの文を引用しておこう。

神学者〔ナジアンゾスの〕グレゴリオスは言う。かのお方、独り子たる神（ロゴス・キリスト）は、今はあなたによってなみされているが、かつてはあなたの上に在った。すなわち、かつては明らかに、すべての時間と自然・本性（ピュシス）の彼方に、それ自体として在った。しかし今は、あなたのためにそれら両方に服したものにならんとした。……つまり神はひとり神として、身体（物体）（ソーマ）と身体に伴うものとから離れていた。しかし今、神は、思惟的魂を有する肉体（サルクス）を摂取し、かつてなかったもの、つまり「ヒュポスタシスとして複合したもの」が生じたのだ。ただその際、〔ヒュポスタシスたるロゴス・キリストは〕かつて在った単純な自然・本性（神性）をなおも保持している。それは、人間としてのあなたを救うためである。……それゆえ、神自身はまさに変化することなくして、われわれのごとく自然・本性的に受動的なものへと無化し（フィリピ二・六―七）、受肉によって自然・本性的感覚のもとにあるものとして真に生起した。そして、自然・本性的に受動的な肉を通して、超無限の力をあらわに顕現させつつ、見られる神、下方の神と呼ばれるのだ。なぜなら、そのとき肉は明らかに神と結合され、より善きものが勝利して一つのものとなる。つまりロゴスは、ヒュポスタシス的な同一性によって肉を摂取し（ヨハネ一・一四参照）、神化させたのである。……

かくして〔受肉したロゴスには〕、一方ではヒュポスタシスの、他方では自然・本性の明らかな特徴が存する。確かに、「神が人間になったのは、人間が神になるためである」とされた。……つまり、本性的な神が受肉して人間的な弱さを分有した限りで——罪は別としてであるが——、それだけまた、恵み（恩恵）に即したふさわしい力によって、あなたたちがまさに証しされんとしているのである。その際、神自身は自らの無化（ケノーシス）にもとづいて、恵みによって救われる人々の神化（テオーシス）を知っていた。彼らは全体として神的かたちとなり、全体として神を受容し、神にのみ安らうであろう。そしてそれこそは、この約束（福音）が真に成就するであろうと信じる人々が、それに成らんとして熱心に努めるべき完全性なのである。（『難問集』一〇四〇A―D、邦訳一一―一三頁）

この文章は、東方・ギリシア教父における数世紀にわたる探究を継承し、その要となる諸々の論点を提示したものである。[1]そのさらなる内実は、証聖者マクシモス自身のそれに続く叙述によって諄々と明らかにされてゆく。それゆえここでは、次のことだけを確認しておこう。

アタナシオスの「神のロゴスが人間になったのは、人間が神になるためである」という言葉は（『ロゴス・言の受肉』第五四章、『中世思想原典集成』２、小高毅訳、平凡社、一九九二年）、周知のように「ニカエア信条」（三二五年）の中心的表現で、イエス・キリストについてのその後の教理探究の基本ともなった。ふつうはそのように訳されるが、原語のより忠実な意味合いとしては、「神の働き・霊（エネルゲイア・プネウマ）が人間本性のうちに宿った（受肉した）のは、人間本性が神性（神的本性）に与りゆくためである」ということである。これは、すでに述べたように、パウロの「わたしのうちでキリストが生きている」という原初的経験を、いわばすべての人の成りゆくべき姿として観想し、すぐれて一般化して語っているものであろう。

また、先の引用文には、「ロゴスはヒュポスタシス的な同一性によって肉（人間的自然・本性）を摂取し、神化させた」とある。その意味は、やや敷衍して言うなら、「神の子、ロゴス・キリストの受肉（この世への到来）」の働き（エネルゲイア）が、人間の神的生命への与りを可能にするということであろう。言い換えれば、われわれは神人的エネルゲイアの受容によって、自らの自然・本性が「神性とのより大なる（＝より善き）結合」に与ることへと動かされるのである。

かくして、パウロならパウロの原初的・使徒的経験が凝視され、その根底に新たに現前している「現実以上の現実（神秘）」として、「ヒュポスタシス・キリストの神人的エネルゲイアのわざ」が見出され、すぐれて言語化されたのだ。そして、そうした意味射程において、「全体として神を受容し神に安らう」という神化（神的生命への与り）の姿こそ、「信じる人々、つまり神人的エネルゲイアの現前に意志的に聴従する人々が、それに成らんと努めるべき完全性だ」とされているのである。(2)

ロゴスの受肉（自己無化）の働き

ここに改めて注目すべきは、「ロゴスの受肉（自己無化）（フィリピ二・七）が人間を神化させる力として働く」とされていることである。この点について、マクシモスはさらに次のように説き明かしている。

もしロゴスがしもべのかたちに無化したのならば、つまり人間として降下し、他のかたちになり、自然・本性的に受動的な人間になるのなら、そうしたロゴス自身の無化（ケノーシス）と降下は、善いものであるとともに、人間愛〔のわざ〕でもあると観想される。……つまりロゴスは、人間的自然・本性の全体を（罪は別としてであるが）、その分離しえぬ諸情念（受動）（パトス）とともにヒュポスタシス的結合によって担うのである。

そのことによってロゴスは、われわれのうちのより悪しきものを滅ぼす。受動的なものは、そうした悪しきものによってわれわれの自然・本性のうちに入り込んでいたのだ。ここに、より悪しきものとは、〔意志的な〕背反による「罪の法」のことである。そして、罪の力は、われわれの意志（グノーメー）の「自然・本性に背反した状態」であって、自然・本性の緩みや緊張によって受動的なものへの情動を導き入れてしまう。……神のロゴスは〔受肉によって〕しもべとしての姿を主人として働かせつつ、諸々の肉的なもの（人間的なもの）を神的に働かせて、自然・本性的に不受動で主となる力を肉的なもののうちで証示した。その力とは、受動的なものを通して諸々の朽ちるものを滅ぼし、死を通して不壊の生命を造り出す力である。……他方ロゴスは、諸々の神的なものを肉的に実践しつつ、〔神の〕語りえざる無化を証示した。そうした無化は、受動的な肉を通して朽ちるものとして誕生した人類（すべての人々）を、まさに神化させる〔力として働く〕のである。（『難問集』一〇四一C―一〇四四D、邦訳一五―一六頁）

この文章には、ロゴスの受肉（無化）の働きが、「人間本性の神への意志的背反（＝罪）を打ち砕き、救い（自然・本性の健やかさ）にもたらしうること」が簡潔に述べられている。その際、そうしたロゴスの働きは、現実の使徒的経験にあっては、十字架の死をも凌駕するような力・働きとして現前したであろう。とすれば、そのことのさらなる意味は、「十字架と復活」の内的な意味と構造のうちに秘められていると考えられよう。（その点については、本書での論の流れとして、後の第四章において証聖者マクシモスの文脈に即して吟味してゆくことにしたい。）

ここではただ、右のような文脈から導出される基本的なことを、さしあたり確認しておこう。すなわち、受肉したロゴスは、「神性と人性という二つの自然・本性（ピュシス）の、混合も分離もない結合・一性」である。[3] 言い換えれば、ロゴス・キリストは、両本性の不可思議な交流（ペリコーレーシス）として生成・顕現したヒュポスタシス（個的現実）だということになろう（同、一〇四四D、邦訳一八頁参照）。

キリストの受難と奇蹟　救いの神秘

このように、ロゴスの受肉（顕現）という事態には――それは一般的に言うなら、「存在の生成・顕現」ということでもあるが――、神性と人性との、そして神的エネルゲイアと人間的エネルゲイアとの微妙な関わりの存することが窺われる。が、そのことは、単に論理的思弁による帰結としてではなく、改めて言うなら、原初的出会いにおける「神人的エネルゲイアの経験から」、その根底に現存するものとしてはじめて見出され、言語化されてきたのである。

さて証聖者マクシモスは、以上のようにロゴス・キリストの姿を見定めた後に、それをもとにして、キリストの受難と諸々の奇蹟のわざとについて詳しく吟味している。そこで次に、そうした一連の叙述の主な論点を取り上げることにしよう。まず、ロゴス・キリストの神的かつ人間的なわざの意味するところが、次のように鮮やかな言葉で説き明かされている。

ロゴス・キリストは受難を蒙りつつも真に神であったし、〔同じロゴス・キリストが〕奇蹟を行いつつも真に人間であった。なぜならロゴスは、「真の二つの自然・本性（ピュシス）の語りえざる結合・一性に即した、真のヒュポスタシス（個的な現実）であった」からである。……わたしの思うところでは、自然・本性的に主なる方は聴従（従順）を尊び、受難することによって〔父なる神への〕聴従を証している。……そして主は、そうした聴従によって、恵みの力によって救われるべき人々をおのずと父のもとに導いてゆくのである。おお、われわれの救いの神秘の何と偉大で畏るべきことであろうか。主（ロゴス・キリスト）が「自然・本性的にわれわれに即してある限りでわれわれは求め」、「われわれに即してあるものをわれわれを超えて〔主と〕結合・一体化させる限りでわれわれに道が開かれる。」それはもとより、罪を愛好するグノーメー（意志）の習性が、自然・本性の弱さを悪の材料にしてしまわない限りにおいてである。[4]（『難問集』一〇四五A―B、邦訳一八―一九頁）

ここにはキリストの受難と奇蹟、そして人間の「意志による罪」と「そこからの解放、救い」などについて、根本的な把握が記されている。その内実は恐らく、ありきたりのキリスト教的な枠を超えて、すべての人に関わる普遍的意味を有しているであろう。こうしたことについてはさて措き、ここでは次のことだけを指摘しておく。すなわち、「救い」や「贖い」などといういかにもキリスト教的な事柄は、単に外なる客体的出来事なのではなく、その真相としては、「人間的意志のうちなる神的な働き・わざ」として問い披かれるべきことだと考えられる。

ところで、イエスがさまざまな奇蹟（「驚くべきこと」の意）を為したことは、福音書に数多く記されている通りである。そして奇蹟とは、何よりもまず、その成立の根拠として超越的な神性の働きを証示しているもののことである。しかし、証聖者マクシモスの言うように、「ロゴスはその顕現（受肉）の後にも隠されている」（同、一〇四九A、邦訳二二頁）。つまり、イエスの神秘は顕現の後にも隠されており、それ自体としてはついに、語りえざるもの、知られざるものに留まるという。

では、「このロゴスの神的な超実体性の証明のために、一体何がいっそう証明の力あるものとなるであろうか[5]」（同、一〇四九A、邦訳二三頁）。それは端的に言うなら、「人性（人間的自然・本性）と結合した神性」の働き（エネルゲイア）を注視することによって見出されよう。たとえば、「乙女（マリア）は超実体的なロゴスそのものを、自然・本性を超えて生んだ」（ルカ一・三五）とされる。それゆえ、アレクサンドリアのキュリロス以来、マリアは「神の母」（テオトコス）と呼ばれている。ともあれ、イエスによって引き起こされたさまざまな奇蹟を、マクシモスは、一般的な仕方で次のように意味づけている。

> かくして、ロゴスは人間的なものを人間を超えて働かせる。つまり、諸々の要素の自然・本性を不受動な（つまり神的な）仕方で徐々に更新するのだ。というのも、水はむろん流動的なものであって、質料的かつ地上的な足を受けとめて支えることができないが、超越的な力によって堅固なものとなったからである。もしイエスが床の上を歩くかのように湖の上を歩き（マタイ一四・二五）……流動的で濡れたもの（水）の上を真に渡ったのであれば、イエスは、肉の自然・本性的働きが自らの神性の力と切り離されないということを示しているであろう。湖を渡るなどということは、肉（人間本性）とヒュポスタシス的に結合した神性に属するからである。ここに神性（神的本性）とは、無限を超え実体を超えた何ものかである。（『難問集』一〇四九B—C、邦訳二三—二四頁）

ヒュポスタシス・キリストの姿　「実体・本質のロゴス」と「生成の方式」との峻別

ここに簡明に見定められているように、イエス・キリストの奇蹟的わざにおいては、神性と人性とのそれぞれの働き（エネルゲイア）が不可思議に結合して交流し、この有限な時間的世界に生成・顕現している。そして、そのことからさらに、以下に見るように「ヒュポスタシス・キリストの姿」が、まさに彫琢された言葉によって語り出されてゆくのである。

その際、とりわけ注意すべきは、「在ることのロゴス（意味）」と「現にいかに在るかの方式」とが峻別されていることである。これはまた、「実体・本質（ウーシア）のロゴス」と「生成（ゲネシス）の方式」との峻別であった。この点、「前者は自然・本性に関わり、後者は〔生成の〕摂理（オイコノミア）に関わる」という（『難問集』一〇五二Ｂ、邦訳二五頁、なお、一一〇一Ａ、邦訳八二頁と一三二四Ｄ、邦訳三二三頁を参照）。すなわち前者は、いわば「無時間的な意味次元」に関わる。しかし後者は、この時間的世界における具体的・個別的な「生成の次元」に関わる。

「実体・本質の意味」と「生成の方式」とのこうした峻別は、一般に旧約・新約聖書以来のヘブライ・キリスト教の思想伝統をよく特徴づけるものであった。とくにニュッサのグレゴリオスや証聖者マクシモスにあっては、形相（エイドス）の「無時間的領域（意味次元）」はいわば突破され、「形相はそれ自体として在る」とはもはや言われないのである。

言い換えれば、後者のような「生成の方式」は、「無時間的な形相（エイドス）間の結合」を多分に探究の基調とする古代ギリシア哲学（ある種の本質主義）においては、中心の主題とはならない。つまりそこでは、すでに言及したように「生成」、「時間」、「身体」そして「意志」などは、副次的な問題領域にあるものとされるのだ。

しかし他方、ヘブライ・キリスト教とくに教父の伝統にあっては、それらがまさに探究の中心的位相に関わってくるのである。が、ここでは、次章以下の論述に備えて、このことだけを述べておくに留める。

ところで、イエスによる奇蹟については、先の引用文に続いて次のように意味づけられている。すなわち、ロゴス自身は「自らの変化なくして、しかも現に関わりのある自然・本性となった。」そのようにして「われわれのための摂理（オイコノミア）」が、現実的に成就されたという。ただその際、ロゴスは「それによって摂取された実体が自らを存続させている働き（エネルゲイア）を滅ぼさず、その実体（ウーシア）をも滅ぼさない。」それゆえにまた、「ロゴスは実体を超えて実体化され、人間を超えて人間的なものを働かせる」と見定められているのである。そして驚くべきことに、次のように語られている。

> 摂取された自然・本性（ピュシス）は、自ら動くのではなく、その自然・本性にヒュポスタシスに即して結合した神性によって真に動かされる。……そこでの自然・本性（つまり人性）は、「それによって真に実体化されている当の、神なるロゴスによって」、自らの「在ること」を現に獲得しているのである。（『難問集』一〇五二A―B、邦訳二四―二五頁）

このことは、ふつう自他の存在物が「在る、存在している」と看做しているわれわれの常識的把握を、その根底から突破してくるであろう。それはまた、西欧近代以降の「神なき人間の自律」といった人間把握に根本的反省を促すものともなる。それはむろん、「人間・自己の成立」ということの謎・神秘に関わると思われる。こうした問題は、証聖者マクシモスにあって後に見るように、「人間的自然・本性の開花・成就」と「神化（神的生命への与り）」という道行きにおいて、その可能根拠を問い抜くことにより新たに主題化されてくることになるのである。

ヒュポスタシス・キリストの誕生・生成　信の根本的意味

さて、右のような連綿とした考察から、マクシモスはヒュポスタシス・キリストの姿をいっそう明確に語り出している。まず注目すべきは、「実体・本質のロゴス（意味）」と「生成の方式」との結びつきについて述べられた次の表現である。

それら〔両者の〕結びつきは、超実体的なイエスの本性の大きな神秘を表している。その神秘は、二つの働き（エネルゲイア）の異なりと結合・一性とを自らにおいて証示している。すなわち一方は、結合された二つのものの自然・本性的ロゴス（意味）において「分離なき仕方で」観想されるものであり、他方は、現に生成したものの単一的な方式において「混合なき仕方で」知られるものである。……それゆえ、「キリストの二つの自然・本性（ピュシス）」と――キリストはそれらの〔結合した〕ヒュポスタシス（個的現実）であったのだが――、「キリストの自然・本性的エネルゲイア」とを敬虔に告白しなければならない。キリストはまさに、二つの自然・本性に即して「二つのエネルゲイアの結合・一性」（つまり神人的エネルゲイア）の主体・源であったのだ。というのは、キリストは自らにおいて、自然・本性に即した仕方で単一的ないし単一形相的に働き、しかもすべてに渡って分離なき仕方で、自らに固有な肉（人性）のエネルゲイアを神的な力によって顕現させているからである。（『難問集』一〇五二B―C、邦訳二二六頁）

してみれば、キリストにおける神性と人性とは、一方ではそれぞれの自然・本性的ロゴス（意味）を保持している。しかし他方、この時間的世界における「現実のキリストの誕生・生成」は、くだんの「生成の方式」に従って、ヒュポスタシスに即した一性を有する姿（つまり一なるロゴス・キリスト）として顕現し、神人的エネルゲイアを働かせているのである。

もとより、これらのことについての真の知は、「われわれの知性（ヌース）を超えた証明しえぬもの」である。それゆえここに、「キリストの神秘を知的に保持する人々の信（ピスティス）こそが、それらの把握としてある」とされる。このことは恐らく、一般のやや通俗的な信・信仰についての捉え方を突破してくるものであろう。すなわち信とは、単に天下りの所与である以上に、キリストとの何らかの出会いの場面に即して言うなら、ロゴス・キリストのエネルゲイア・プネウマを、われわれの側の意志的聴従を介して受容し宿した「魂・人間のかたち」なのである。(6)（この意味で信は、神についての「不完全ながら、ある種の知」なのだ。）

ところで、マクシモスは以上のような吟味・探究にもとづき、一つの集約的表現として次のように語っている。

かくしてロゴス・キリストは、「人間を超えて真に人間となり」、「自然・本性を超えた諸々の〔生成の〕方式」と「自然・本性に即した諸々のロゴス（意味・根拠）」とを、互いに結合したものとして壊さずに有している。元来それらの交わり（結合）は不可能であったのだが、ロゴス自身は何も不可能なことのない存在として、真の結合・一性となった。そして、「それらのヒュポスタシスであった」当の二つの自然・本性（神性と人性）のいずれにあっても、他のものと切り離されることなく、むしろそれぞれを通してもう一方のものが信じられるのだ。すなわち、ロゴス・キリストはまさに両者なのであって、一方では神として自らの人間性を動かし、他方では人間として自らの神性を顕現させていたのである。そこで改めて言うなら、〔受肉した〕ロゴスは単なる人間ではなかったので、自ら進んで神的に受難するのであった。しかし他方、ロゴスは神として単に〔超然と〕在るのではないので、肉を通して人間的に奇蹟のわざを為すのであった。（『難問集』一〇五六A―B、邦訳二九―三〇頁）

これは、「ロゴス・キリストの受肉（この世における顕現）」、「諸々の奇蹟のわざ」そして「十字架の死に至るまでの受難」の全体に関して、一つの規範ともなる表現であろう。そして、それに続いて最後に、「神人的エネルゲイアの現出」についての文章が締めくくりとして語られているのだ。が、本章では、あえてそれを最初に引用した。というのは、原初的かつ使徒的な経験における「発見の順序」として最初にくるものは、いわば「論理的探究の順序」としては最後にくると思われるからである。叙述のこうした順序は、「原初的出会いの経験から、その根拠へ」という本書での論の趣旨に準じるものであった。

探究の基本線の確認

さてそこで、『難問集』の第一部「トマスに宛てて」における卓抜なキリスト論を振り返り、次章以下での新たな吟味・探究に備えて、中心的事柄を少しく確認し提示しておこう。

（i）探究の基本線として証聖者マクシモスにあっては、神的な働き・霊（エネルゲイア・プネウマ）とその具体的な経験を注視してゆくという姿勢が、根底に存する。言い換えればそれは、キリストとの霊的出会いによる

「神人的エネルゲイアの経験から、その根拠へ」という探究態度である。

ただしマクシモスは殊更に独創を主張するのではなく、「カッパドキアの三つの光」たる教父たち（とくにナジアンゾスのグレゴリオスとニュッサのグレゴリオス）、「カルケドン信条」そして擬ディオニュシオス・アレオパギテースなどに依拠しつつ、東方・ギリシア教父の思想伝統の全体を継承し、それらの文脈をゆたかに敷衍し彫琢していった。（その結果として、マクシモスは伝統の集大成者となり、また「ビザンティン神学のチャンピオン」と称せられることになる。）その際、前時代の教父たちに比して、とりわけ「エネルゲイア」と「意志」という言葉が、論述の中心軸を担うものとなる。が、そのことは、数世紀にわたって探究されてきた神の子キリストをめぐる諸問題が、おのずと展開され深められていったことに伴うものであった。

（ii）しかし、「ロゴス・キリストのウーシア（実体・本質）は決して知られえず」、ただそのエネルゲイアが経験され、何ほどか知られるにすぎない。「ロゴスはその顕現（受肉）の後にも隠されている」とされるゆえんである。また、「イエスの神秘は隠されている」とも言われる。が、それゆえにこそわれわれにとって、神的ロゴスの働きに自らの意志を通して与りゆく道は、本来はつねに無限なるものに開かれている。

（iii）そのことは、信・信仰（ピスティス）というものの基本理解に関わる。信とは単に天下りの所与である以上に、自由な意志的聴従を介した「神人的エネルゲイアの受容・宿り」であり、「魂・身体のそうしたかたち」（ある種の知）であろう。そして、その名に値する信は、「神（ないしロゴス・キリスト）への脱自的愛として」働き出す。それゆえ、信の現出を端緒とした神への道、つまり「神的生命、神的存在により善く与りゆく神化（テオーシス）の道行き」は、われわれにとってどこまでも自己を超えゆく「絶えざる生成」という性格を有する。そこにはいわば、存在論的ダイナミズムとも呼ぶべき動的構造が漲っているのである。

（iv）　もとより、人間本性のそうした本来的な道行きは、弱さと罪とを多分に抱えたわれわれにとって容易なことではない。なぜならわれわれは、有限な身体的存在者として、一挙に善そのもの（神性、善性）と合一してしまうことはできず、より悪しきものにもその都度つねに晒されているからである。つまり、人間的自由・意志は、「負の可能性」をいわば構造的に抱え込んでいるのである。「すべての人は罪のもとにある」（ローマ三・九）と言われるゆえんでもあろう。

そこで、さしあたり言っておくとすれば、罪とはここに、人間的自然・本性の開花・成就（ないし神化）の道にとってはなはだ逆説的なもの、「存在の次元に関わるもの」として姿を現してくる。なぜなら罪とは、「神への意志的背反」であり「自然・本性への背反」でもあるというが、そうした罪が否定され浄化されることを通してはじめて、善が、そして「わたしは在る」（出エジプト三・一四）たる神がこの時間的世界に生成・顕現しうるからである。この点について、魂・人間の「善きかたち（アレテー、徳）」は、ある意味でこの世界に「身体化した神」と語られている。

（v）　そうした「善（神性）の生成・顕現」、「アレテーの成立」などのさらなる可能根拠を問うとき、「万物の根拠たるロゴス」（ヨハネ一・三）のエネルゲイアが改めてわれわれに現前し、受容されてくることの機微が問題となろう。このことは、「他者との真の交わりないし愛（アガペー）」がわれわれにおいて現に可能となる根拠を問うてゆく場合も、同様である。

証聖者マクシモスは、そのように素朴で根源的な問題の基底を問い披くべく、「キリストの十字架と復活（甦り）」という事態を、極めて象徴的に、また時と処とを超えてその都度「今、ここに」現前する「現実以上の現実」として解釈している。すなわちその際、十字架の死をも凌駕して現前し、「生の根底的変容」（「新しい人」の誕生）をもたらしえた「真の生命（ヨハネ一・四）のエネルゲイア」が、驚きをもって見つめられているのである。

そうしたことは、確かにキリスト教教理の枠組のうちにあるものと看做されよう。しかし、右に言及したような事柄は、改めて「原初的出会い」の場面に立ち帰ってわれわれ自身のこととして問い披いてゆくなら、まさに人間としての普遍的問題として、また「愛智の道行き」（＝哲学）の中心的位相に関わる問題として姿を現してくるであろう。

第三章　人間的自然・本性の開花・成就と神化との道行き
――諸問題の根底に現前する神的エネルゲイア・プネウマ――

「わたしのうちでキリストが生きている」（ガラテア二・二〇）というくだんの言葉は、「キリストとの霊的出会い」を如実に示すものであった。それはパウロの独特の表現であるが、必ずしも特殊な経験を語るものではなく、恐らくはすべての人が「それに向かって開かれているような」普遍的経験を指し示していると思われる。

ところで証聖者マクシモスによれば、パウロのその言葉は、神的な働き・霊（エネルゲイア・プネウマ）に対する「意志的聴従」を意味していた。そしてその際、パウロ自身が、「今わたしが生きているのは、わたしを愛しわたしのために〔十字架の死にまで〕自らを渡したキリスト〔自身の〕信・信仰による」（同、二・二〇）と洞察していたのである。

このことはむろん、キリスト教教理（ドグマ）の根本に関わるが、同時にまた、哲学・倫理学的な多くの主題とも通底している。そして、それらは全体として相俟って、大きな意味射程を有しているのだ。そこで、先の章では、「キリストとの出会い」を語るパウロの言葉が、「キリスト自身の信の働き（いわば神人的エネルゲイア）を受容し宿した姿」を示していること、そしてさらには「キリストの十字架による贖い」、「罪からの万人の救い（解放）」といった事態にも密接に関わっていることについて、基本的な見通しを示したのである。（ただパウロは、個人的な経験を述べているように見えて、実はすべての人に生起しうる「人間の真実」を、すぐれて言語化しているのだ。）

こうした中心的な事柄に関しては、本書の主眼でもある第四章において、マクシモスの文脈に即して改めて吟味・探求してゆくことにしたい。が、それに先立って本章では、問題の広がりを示すべく、広義の哲学的観点から同根源的な諸々の主題をめぐって、それらの要となる事柄を簡潔に見定めておこう。

一　「善く在ること」ないし「善きかたち」の成立と神的エネルゲイア・プネウマの現存

存在の三つの普遍的方式

証聖者マクシモスは、人間的自然・本性（ピュシス）の可能性とその開花・成就してゆく道（階梯）とについて、広い視野から深く洞察した人であった。次に引用する文章はその基本線を明確に示しており、一つの規範的な表現と目されるものである。そしてそれは、「神の似像（エイコーン）に即して創られた」（創世記一・二六）という旧約聖書以来の人間把握を、いっそう普遍的に「愛智の営み」（哲学）として捉え直し吟味してゆこうとするものであった。

諸々の存在物についての正確な把握から学び知られることであるが、人間にとって可能な三つの普遍的方式が存する。神はそれらの方式に即して万物を創ったのだ。すなわち神は、「在ること」、「善く在ること」、そして「つねに在ること」というかたちへと、われわれを実体的に存立させたのである。それら三つのもののうち、両極は原因たる神によってのみ成り立つが、中間の在り方はわれわれの自由な意志（グノーメー）

> と動きに依存している。しかし、そうした中間のものを通してこそ、両極についても正しく（本来的に）発語されることになるのだ。つまり、中間の「善く在る」というかたちが発動し現存しなければ、両極としての「在る」および「つねに在る」ということを名指すことも空しくなるであろう。「善く」ということが自由に〔意志の働きによって〕結合することがなければ、他の仕方では両極における真理（アレーテイア）が現出することも守られることもない。そして、「善く在ること」という中間のものは本来、両極と結びついて両極における真理を守っているのであり、あるいは神への絶えざる動きによって志向している真理を守っているのである。（『難問集』一二一六B、邦訳九八頁）

この文章は、マクシモスの愛智の探究（哲学・神学）にとって一つの要ともなる洞察を含んでいる。すなわち、両極の「在ること」と「つねに（永遠に）在ること」とは、それぞれ「創造による所与の姿」と「神の在り方」であるが、それらはわれわれの力を超えている。しかし「善く在ること」、そしてつまり「善きかたち（アレテー、徳）」の形成は、われわれの自由な意志と動きに依存しているという。

ここに注目すべきは、中間の「善く在ること」が形成されたとき――それは自らの「在ること」の根拠との原初的出会いのときであろうが――、はじめて「在る、存在する」ことの意味と射程が、真に明るみにもたらされるということである。つまりそのとき、自らの「在ること」あるいは人間的自然・本性（ピュシス）が、単に完結し静止したものではなく、本来は可能性と動性を孕み、しかも「つねに（永遠に）在ること」（無限なる神性・善性）へとどこまでも開かれていることがあらわになってくるのだ。この意味で、人間本性（形相）は本来、無限なるものに開かれた動的構造のうちにあると言ってもよい。（もとより、さまざまな情念に捉われ、自らの意志によって卑小な自我に執着するときには、そうした弱さと罪は、自らの本来的な可能性を塞ぎ、「在ること」の欠如を招来させてしまうであろう。が、この点は次節にて吟味することにしたい。)

ちなみに、われわれが無限なる神に開かれた何者かだということは、ニュッサのグレゴリオスが旧約聖書の『雅歌』の言葉を象徴的に解釈した文脈と深く呼応している。つまり簡明に言えば、花嫁(魂、人間)は花婿(神)の「愛の矢」によって射抜かれて、「愛の傷手」を受けた。しかし、同時にまた花嫁は、姿を隠している花婿への無限の愛に促されるのである。(『雅歌講話』第四講話など、大森正樹、宮本久雄、谷隆一郎、篠崎栄、秋山学訳、新世社、一九九一年)。それは、根源的な出会いと驚きのとき(カイロス)にほかならない(1)。

そうした出会いの経験は、もとより殊更に大仰なものではなくても、何であれ心の琴線に触れるような小さな出来事であってよい。ともあれ、そのような経験以前には、われわれは往々にして、日常のさまざまな像・想念や思惑に捉われ、多分に己れに閉ざされた存在把握、他者把握のうちに埋没していた。従って、そこにあっては、自他の「在ること」は不分明なままに事実として前提されており、その真の意味と広がりが問題化することがないのである。

ところで、両極の「在ること」と「つねに在ること」とは「われわれの力を超えている」という。つまり、われわれにとって自己の「在ること」(誕生)は、所与の事実であるかに見えるが、その原因をたずねてゆくと、親また親という風に遡行して、ついには最初の人にまで至る。が、それはやはり一つの謎・神秘であろう。なぜなら、むろん原因(根拠)を問うことはどこまでも遡行し、地球上の生命の誕生、はたまた宇宙(世界)のはじめ(根拠)への問いともなるからである。

そのように思いをめぐらすとき、たとえば「創世記」や「ヨハネ福音書」の冒頭の余りに簡明な、しかし驚くべき言葉が、おのずと想起されよう。

はじめに神は天と地を創造した。（創世記一・一）

はじめにロゴス（言）が在った。ロゴスは神とともに在り、ロゴスは神で在った。……万物はロゴスによって成立した。……ロゴスのうちに生命が在った。……ロゴスは肉（人間）となって、われわれのうちに宿った。（ヨハネ一・一―一四）

これらの透徹した表現について、ここでは単に示唆するだけに留めるが、マクシモスが、「在ることとつねに在ることとはわれわれの力を超えている」とするとき、その眼差しは旧・新約聖書を貫く謎・神秘に、つまり「神的ロゴスの現存」と「その生成・顕現の機微」に向けられていたのである。

しかし、今日のある種の常識的見方として、「すべてのもの、すべてのことははかなく過ぎゆき、われわれも死ねばチリに帰るのみ」などと思われることがあろう。ただ、それはやはり、物質的次元のみに閉ざされた多分に低次の判断であろう。およそ「もの（存在物）の在ること」の真の意味と構造、そして「〈わたしは在る〉（出エジプト三・一四）たる神の似像に成りゆく可能性を有する人間」の、真の成立根拠と終極（目的）とは、依然として謎・神秘に留まる。ここに、たとえば次のような言葉が、時と処とを超え、洋の東西を超えて不思議に呼応しているのを感じるのである。

生まれ生まれ生まれ生まれて生のはじめに暗く、

死に死に死んで死の終わりに冥し。（空海『秘蔵宝鑰』序）

自由な意志・行為　存在のかたちの変容

そこで、先の証聖者マクシモスの文脈に即して、次のことをとにかくも確認しておこう。われわれにとって「在る」と「善い」との、つまり存在と善との根源的関わりは、「善く在ること」の成立においてこそあらわになってくると考えられる。すなわち、「在ること」の根拠たる神的ロゴス（ヨハネ一・三）の働きに、われわれ自身が改めて意志的に聴従することによって、「善く」ということが附加され、「善く在ること」ないし「善きかたち（アレテー、徳）」が形成されよう。(2) 恐らくは、そのときはじめて、「存在と善との関わり」という問題が、愛智の営み（＝哲学）として論に耐えるかたちで現れ出てくる。この点、平たく言えば、倫理学の中心的場面に関わる事柄は、哲学としての存在探究、人間探究のいわば最前線に位置しているのである。

その際、根底に潜んでいることとしてとくに注意すべきは、人間的自由・意志やそれによる行為が、その主体・自己の「存在のかたち」（存在様式）に小さからぬ変容をもたらすということである。このことについては、つとにニュッサのグレゴリオスがその主著『モーセの生涯』や『雅歌講話』などにおいて主題化し、詳しく論じているところであった。ただ、ここではその要となることを少しく記しておこう。

自由な意志（プロアイレシス）と行為は、むろん諸々の行為の対象（個々の目的）の選択に関わるが、単にそれだけに留まらない。それはさらには、自らの「存在のかたち」の形成に関わるのである。この点ニュッサのグレゴリオスは、直截に次のように洞察している。

われわれは何らかの仕方で自己自身の親なのだ。すなわちわれわれは、自らが意志した限りで自己を生み出してゆくのであり、固有の自由・意志にもとづいて〔自らに善きかたちを刻みつけるか、悪しきかたちを刻みつけるかしつつ〕、自らが意志する方へと自己を形成してゆくのである。（『モーセの生涯』Ⅱ・三、谷隆一郎訳、『キリスト教神秘主義著作集』１、教文館、一九九二年、所収）

してみれば、そのような「新しい自己の誕生・形成」は、主体・自己の「在ること」（つまり実体）が確保された上での性質変化などではない。すなわちそこにあっては、「主語的な実体（ウーシア）の同一性が前提されて、その属性（附帯性）がさまざまに変化する」といった、アリストテレス風の自然学の構図は、いわば突破されている。かえってグレゴリオスでは（ある意味で真の「形而上学」に向かって）、主体・自己の在ることそれ自身の「新たな変容・形成」という事態が見つめられていたのである。

言い換えればそれは、この時間的可変的世界における「新しい存在」の現出でもある。[3] 従って、人間は自由・意志の働きによって、そうした「第二の創造」とも言うべきわざに与りうるのである。つまり、ロゴス（言語・知性）的存在者としてすべての人は、外なる身分やわざがいかなるものであれ、そうした小さからぬ役割を担っているのである。そしてその役割（分、運命）とは、恐らく神の世界創造のいわば継承であり、それに対する主体的な参与でもあると考えられよう。つまり、ニュッサのグレゴリオスをはじめ一般に教父の伝統にあっては、創造とは決して過去に完結した出来事などではなく、現に今も生起しつつあることであった。それゆえそれは、「絶えざる生成」、「不断の創造」といった言葉によって指し示されてきた。しかもそれは、人間の自由なわざにおいて、また自由なわざを通して、はじめて現に生起するものと捉えられているのである。

より善き変容・生成の可能根拠への問い

ところで証聖者マクシモスは、右のような把握（論点）に関してニュッサのグレゴリオス以来の伝統を継承しつつ、ゆたかに敷衍し展開させている。本節のはじめに引用した「存在の三つの普遍的方式」に関する言葉は、マクシモスの新たな吟味・探究の基本線を示すものであったのである。そこで、後の論述に備え、さらに問い披いてゆくべき事柄として、さしあたり次のことを提示しておこう。

既述のように、人間は自由・意志の働きによって「善く在ること」、「善きかたち（アレテー、徳）」の形成に与りうるという。そしてそれは、自らの「在ることのかたち（存在様式）の変容」であり、「新しい存在の生成・現出」であった。ではその際、われわれにとって自らの存在の「本来的なより善き変容・生成」が成立しうる可能根拠は何なのか。改めてこのように問うのは、われわれはいわばその都度、「神に対する意志的背反（＝罪）」の方向にも開かれているからである。つまり、「魂と身体との不思議な結合」としてのわれわれにとって、「善く意志すること」の成立自体が――それによって「善く在ること」も形成されうるのだが――、古来の難問なのである。

そうであればこそ、くだんの「善く在ること」や「新しい存在」の生成・現出には、神的な働き・霊（エネルゲイア・プネウマ）が可能根拠として現前していなければならないことになろう。それゆえそこにおいて、「神的働きと人間的自由の働きとの微妙な協働（シュネルギア）」が認められてくるのである。

こうした事柄は、先にも言及したように神の世界創造という問題に接している。この点、われわれは卑小な者であるとはいえ、自らの自由な意志と行為によって、それぞれの分（運命）に応じて創造の持続と展開に参与してゆくべく呼びかけられていると考えられよう。

ただし、そうしたわざは、個人の内面に閉ざされたような「神と自己との内奥の関わり」に留まるものではなく、陰に陽に「他者との関わり」を場とし、あるいは広義の身体（素材、質料）として、はじめて現に生成・顕現してくる。（このことについては、後に第五章において扱う。）それゆえにまた、「善く在ること」の成立ということには——それは「人間的自然・本性の開花・成就」の道でもあるが——、「身体ないし身体性」というものが、何らか不可欠の役割を担っていることになるであろう。

アレテー（善きかたち、徳）において身体化した神

アレテーとは、むろん古代ギリシア哲学にあっても最も重要な言葉の一つであった。しかし証聖者マクシモスは、「善きかたち、徳」といったアレテーという言葉の意味を、無限なるもの（善性、神性）に開かれた構造のもとに捉え直している。そのことを端的にしるしづけているのが、「諸々のアレテーにおいて身体化した神」という言葉である（『難問集』一〇三二B、邦訳四頁）。それはある意味で、この有限な世界における「神の、そして存在の生成・顕現のかたち」を指し示すものであった。

こうした捉え方は、次のような理由による。アレテーとはまず、「人間的自然・本性（ピュシス）ないし魂・人間の善きかたち、徳」である。それはさらに言えば、とくに教父の思想伝統にあっては、神的エネルゲイア・プネウマを自由な意志の働きを通して「より善く受容し宿した姿」であった。そしてそこには、神と人間との（またひいては、永遠と時間との）不思議な関わりが存するであろう。

すなわち、神がその名に値する存在であるなら、その働き・霊（エネルゲイア・プネウマ）は、時と処とを超えて「つねに」現存し働いているであろう。しかし、われわれは「あるとき」、今、ここにおいてそうした神的

エネルゲイア・プネウマに改めて出会い、それを自由な意志を通して受容しうるのである。とすればそこには、「つねに」と「あるとき」との微妙な関わり・緊張が存しよう。

ともあれ、そうした「神と人間との不可思議な交流」によって、アレテーが「人間本性の変容として」、また「新しい存在」としてこの時間的世界に現出してくる。それゆえ、「アレテーにおいて身体化した神」という言葉は、「無限なる神（存在）が何らか有限なかたちで生成・顕現してきた姿」を意味しているのである。(4)

愛の傷手　信・信仰の原初的かたち

そこで、改めて『雅歌講話』の表現を援用するとすれば、花嫁（すべての人間）は花婿（神）の「愛の矢」に貫かれて、「愛の傷手」を受けた。それは無限なる神のエネルゲイア・プネウマを蒙り受容した姿であり、「信・信仰（ピスティス）の原初的かたち」でもある。「信とは、希望されたものが顕現したヒュポスタシス（個的現実）だ」（ヘブライ一一・一）とされるゆえんも、そのことに存しよう。その際、「愛の傷手」をもたらせた根拠（原因）は、同時にまた、花嫁がそうした根拠と結合・一体化してゆくべく、己れのすべてをもって愛しゆく究極の目的でもある。それゆえ、無限にして知られざる神は――そのことは、「姿を隠している花婿」という『雅歌』での言葉によって暗示されているが――、この文脈において「根拠＝目的」なる何ものかとして指し示されることになろう。

ここにとりわけ注目すべきは、「根拠＝目的」なる超越的な存在（神）が、当の「根拠＝目的なるもの」への脱自的愛として、この有限な世界に生成・顕現してくるということである。

もとより神は、「実体・本質（ウーシア）としては」超越の極みであり、どこまでも知られざる無限性そのものである。しかし、神はそのエネルゲイア・プネウマを、時と処とを超えてつねに働かせており、その限りで何ほどか経験され知られうる。そして、神のエネルゲイアを能う限り受容し宿したとき、そこに形成される「信のかたち」は、根拠たる神への愛として働き出すのである（ガラテア五・六参照）。すなわち、一言で言えば、神は「神への愛として」この世界に現出してくると考えられよう。

　してみれば、神を愛し、その愛によって他者との関わりを生きる人は、そうした姿によって神の現存を証ししているであろう。そして、後に言及するように、愛（アガペー）とは、アレテー（人間的自然・本性の善きかたち、徳）の最上の姿であり、「諸々のアレテーを統合するもの」とされている。かくして、「諸々のアレテーにおいて身体化した神」というくだんの言葉は、右に概観したような大きな意味射程を有しているのである。

二　存在の次元における罪の問題——存在（神の名）の生成・顕現に逆説的に関わるもの

人間的自由・意志における「負の可能性」

前節のはじめに引用した証聖者マクシモスの文章は、人間的自然・本性（ピュシス）の開花・成就してゆく道について、その基本的階梯を語るものであった。そこで先の論述では、とくに「善く在ること」および「アレテー（善きかたち、徳）」の成立についての主要な論点を、それらのいわば積極的な面に即していささか吟味したのである。

　ただそこには、これまではあえて封印していた重要な問題が隠されている。すなわち、人間的自由は「より善きものにか、より悪しきものにか」という両方向にその都度開かれており、決してつねに善（善そのもの）を意志し欲しているわけではない。この意味では、人間の自由・意志にはいわば「負の可能性」が構造的に伴っている。そして、それはさらには、「すべての人が罪のもとにある」（ローマ三・九）とされることにも通じているのだ。

しかし、あらかじめ言っておくとすれば、万人が意志の構造として抱えている罪は、「人間的自然・本性のより善き変容・形成」という事態に対して、はなはだ逆説的な意味を有している。すなわち、そこにおいて罪とは、狭義の道徳や倫理の問題である以上に、この世界、この身における善の生成・顕現——それは「わたしは在る」（出エジプト三・一四）たる存在（神の名）の生成・顕現でもあろうが——に逆説的に関わるものとして姿を現してくるのである。なぜなら、人間的意志が構造的に抱えている罪（意志的背反）が否定され浄化されることがなければ、アレテーという「善きかたち、徳」が形成され現出してくることもないと考えられるからである。

ともあれ、ここにおいて、「存在の次元における罪の問題」が新たに主題化してくる。そして、「人間本性の本来的な道」として倫理の真相を問おうとするときには、もはやその問題を避けて通ることはできないであろう。

「神への意志的背反」としての罪　自然科学や実証学の特質と限界

そこでまず、そうした「罪の問題」をめぐる探究の基本を示すものとして、証聖者マクシモスの言葉に注目しておきたい。それは、「在ること、善く在ること、そしてつねに在ること」という、くだんの動的階梯を語る表現に続く一文である。

とすれば、自然・本性に即したロゴスによって魂の見る目を進展させ、諸々の自然・本性的働きを何らか背反して用いることのないようにしなければならない。なぜなら、自然・本性的な諸力を誤用するときには、必然的に腐敗が生じてしまうからである。それゆえ、まっすぐに〔自然・本性の働きに〕聴従し、自然・本性の適切なロゴス（言葉、意味）に即して原因（根拠）へと導かれてゆくようにと、知恵ある人々は教えている。その結果、端的に「在ること」と「真に在ること」とが附与され、受け取られることになろう。（『難問集』一一一六C、邦訳九九頁）

ここに、自然・本性的働きを「それに背反して用いる」とか「誤用する」とか言われているのは、他の文脈からして、罪のわざ・行為のことである。つまり、端的に言うなら、罪とは「神への意志的背反」であり、それによる行為にほかならない。

すなわち、「万物の根拠たる神への意志的背反」は、取りも直さず、神的ロゴスによって創造された（ヨハネ一・三）ものとしての「自然・本性への背反」ともなるのだ。それゆえ、「神ないし神のロゴスへの意志的背反」が、同時にまた「自然・本性への背反」でもあるということは、「自然・本性（ピュシス）とは何か」ということをその根本から問い披こうとするとき、最も重要な視点ともなろう。

ちなみに、物質ないし物的要素の探究を旨とする自然科学は、自然（ピュシス）把握に関して極めて簡明な、それゆえにまた低次の探究領域を設定している。物理学がその最たるものだが、化学や生物学なども同様であって、諸々の化学的変化や生命現象等々を物質探究の路線上で、それぞれに特有な方式で扱っている。もとより、今日それらが多大の学的成果を挙げていることは言うまでもなく、しかも各分野でのそれらの成果は、われわれの具体的生活のあらゆる部分に影響を及ぼしている。ただしかし、一般に自然科学というものにあっては、自らが選び取った探究方式（原理）からして、「自然・本性そのもの」の根本的な「意味」と成立の「根拠（原因）」、そして全体として志向する「目的」――それに向かって定位されている終極――などは、はじめから探究から除外され、それ自体としてはもはや問いえぬものとして、いわば放置されているのだ。(5)

従って自然科学的探究にあっては、「存在」、「知」、「善」、そして「わたし・自己」、「神」などについてのロゴス（言語、知性）的探究も、原理的には成立しえないままに、いわば諦められている。そしてひいては、それらの重要な問題が、多分に恣意的かつ私秘的な領域に属するものと看做されてしまうことになる。同様の態度は、自然科学を一つの範としつつ実証性、客観性を標榜する諸々の学問においても、往々にして見受けられよう。（この点、いわゆる実証性というものは、人間探究および存在探究の中心的場面に関する限りは、仮初の脆い基盤の上に立っているのだ。）ともあれ、自然科学やそれに準じる学問においては、創造とそれによる世界の「無限なる神性に開かれた動的構造」といった事柄は、全く視野の外にあるであろう。

ところで、先の引用文によれば、「自然・本性的諸力の誤用（つまり自然・本性への背反）」とは――それはまた、「根拠たる神への意志的背反」（＝罪）でもあるのだが――、自然・本性の腐敗（欠如）をもたらすという。このことは、「自由・意志や行為」と「当の主体・自己の存在様式」との密接な関わりを示すものであり、自然・本性（ピュシス）と人間の探究にとって極めて大きな意味を有している。

してみれば、意志・行為と存在様式との関わりの負の側面として、すべての人は自由・意志の悪しき働きによって、自ら自身の腐敗（欠如）と罪の方向にも晒されている。そのことは、「善く在ること」、「善きかたち（アレテー、徳）」の形成・顕現とは、正反対の事柄である。しかし、それゆえにこそ、「善く在ること」の、そして

「人間的自然・本性の開花・成就」の道行きの具体的成立の方式とその根拠とを問い披こうとするなら、「存在の次元における罪の問題」に直面してゆかざるをえないであろう。なぜなら、神への意志的背反としての罪は、後に述べるように、「善きかたち（善）の顕現」に対していわば逆説的に関わっているからである。

「在ること」の欠如をもたらす罪　キリストの受難と「罪からの救い」

そこで改めて、「罪とは何か」ということを語るマクシモスの代表的表現を引いておこう。

人間は、罪によって自己を殺し、諸々の情念への意志的な衝動によって自らを〔神なる〕ロゴス（ヨハネ一・一）から切り離してしまう。……自然・本性（ピュシス）とは、それに背反して生きようと意志する（欲する）限りで自然・本性を朽ちさせてしまう人々を、そのように懲らしめるものなのだ。……実際、そうした人々は、自然・本性の全体的な力を自然・本性に即した仕方で獲得することができないために、その健やかさを老化させて、それゆえ懲らしめを受けるのだ。つまり彼らは、「在らぬもの」への傾き（執着）を通して「在ること」の欠如を浅はかに、また無思慮に自己自身に招いているのである。（『難問集』一一六四A—D、邦訳一四七—一四八頁）

あるいは別の観点では、諸々の情念（パトス）が膨れ上がることによって、より悪しきもの、また本性的に受動的（情念的）なものが、魂・人間に侵入してくるという。そこで、次のように見定められている。

ここにより悪しきものとは、〔自然・本性への、そして神への〕意志的背反による「罪の法」のことである。そして罪の力は、われわれの意志（グノーメー）の「自然・本性に背反した状態」であって、自然・本性の緩みや緊張によって受動的なもの（パトス）への情動を導き入れてしまうのである。（『難問集』一〇四四A、邦訳一五頁）

この文中、「パトス」とは原語のギリシア語では「蒙る」という語で、「受動」、「情念」、「情熱」、そしてさらには「受難、受苦」などの意味を有する。それゆえ、続いて語られた次の言葉は、キリストの受難（十字架）を見つめつつ、探究の基本方向をあらかじめ示すものとなっている。

かくして〔神の〕ロゴス（受肉したロゴス・キリスト）は、罪によって捉われた人々を救っただけではなく、われわれの報い（罰）を自らにおいて解放して、神的な力を分かち与えた。……神のロゴスは、自然・本性としてしもべたるわれわれのためにしもべとなったが、自然・本性として主に留まった。……すなわち、しもべとしての姿を主人として働かせつつ、諸々の肉的なものを神的に働かせて、自然・本性的に不受動で主となる力を、肉的なもの（人間）のうちで証示したのだ。その力とは、受動的なものを通して諸々の朽ちるものを滅ぼし、〔十字架の〕死を通して不壊の生命を造り出す力である。他方、主人たる諸々のものをしもべの仕方で実践し、つまり諸々の神的なものを肉的に実践しつつ、〔神の〕語りえざる無化（受肉）を証示した。そうした無化は、受動的な肉を通して朽ちるものとして誕生した人類（すべての人々）を、まさに神化させる〔力として働く〕のである。（『難問集』一一四四A―D、邦訳一六―一七頁）

この文章には多くの根本的なことが語られているが、それらについては後に改めて、マクシモスのテキストに即して吟味・探究してゆかなければならない。ここではただ、次のことをとにかくも押えておこう。

右に指し示されているような、ロゴスの「受肉と受難（十字架）」、そしてそれによる「罪からの救い」や「神化（神的生命への与り）」といった事態は、むろん単なる宗教的・哲学的思弁によって導き出されたものではない。むしろそれらは、使徒たちの（そして後世の人々の）「キリストとの原初的出会いの経験」から、その根底に現前している神的エネルゲイア・プネウマないし神人的エネルゲイアを見出し、その働き・わざの「人間本性のうちなる機微」を語り出していったものと考えられよう。すなわち、さしあたり一言で言っておくとすれば、「ロゴス・キリストの自己無化の働き（エネルゲイア）」に——それはかつても今も現存するであろうが——出会って、それに貫かれたとき、「神への意志的背反（＝罪）」という「万人が抱えている負の力（可能性）」が何ほどかなみされ否定されることになる。そうしたときにはじめて、人間的自然・本性は多少とも開花し、神化（神的存在、神的生命への与り）の道を歩みはじめることになろう。

自由・意志の働きの再帰的構造　行為の超越的根拠たる善

さて、そのような本来的な道行きをいわば望見しつつ、元の文脈に戻って改めて注目すべきは、「神への意志的背反」としての罪のわざ・行為が、行為する人自身の「在ること」を腐敗させ欠落させてしまうということである。すなわち罪というものは、広義の他者との関わりにおいて生じるとともに、再帰的な仕方で自己自身に対する罰ともなるのである。そのように「罪が同時に、自らに対する罰だ」ということは、世の常識やありきたりの学的把握の枠組を超え出た事柄であろう。しかしそのことは、人間的自由・意志と行為とを、「行為のいわば超越的根拠たる善」に開かれた構造のうちで捉えるときには、問題の中心的位相に逆説的に関わるものとして姿を現してくるのである。

では、なぜ罪の行為が、それを為す人自身の「在ること」(存在のかたち)に欠落・欠如をもたらすのか。このことを問い進めることは、くだんの「善くあること」(アレテー)の成立の機微を、間接的かつ逆説的に(つまり、いわば影絵のごとく)あらわにすることになるであろう。というのは、「善そのもの」は超越の極みであり、「無限なるもの」であるので、われわれは善を直視し対象的に知ることはできないからだ。とすればわれわれは、有限なるものへの情念や執着、あるいは傲りによる「悪や罪のわざ」を凝視することを通して、何らかの仕方で間接的に「善き行為、善きかたち(アレテー)の生成・顕現の方式」を窺い知ることができよう。

ともあれ、罪が「神への意志的背反」であるなら、そうした魂・人間の姿は神的エネルゲイア・プネウマに聴従することなく、つねに現存するその働きに背を向けており、それをより善く(より大に)受容し宿すことがない。そうした姿は、あたかも人が神的光に背を向けるとき、その光に照らされることなく闇に沈んでゆくようなものである。あるいは罪とは、神的生命に対して自らを閉ざし、生命なき状態に落ち込んでゆく姿である。

そしてさらに、「ロゴスのうちに生命があった」(ヨハネ一・四)とあるが、自らの意志的背反たる罪によって人は、神的ロゴスから切り離されてしまう。それはまさに、イエス自身による「ぶどうの木のたとえ」が如実に語る通りである。

> わたしはまことのぶどうの木であり、わたしの父は農夫である。もし枝が木のうちに留まっていないなら、自ら実を結ぶことができないように、あなたたちもわたしのうちに留まっていなければ、実を結ぶことがな

い。……もしわたしのうちに留まらない人がいれば、枝のように外に投げ出されて枯れる。（ヨハネ一五・一―六）

この文中、「わたしは（ぶどうの木で）在る」（エゴー・エイミ）（出エジプト三・一四）が登場し、極めて印象深い。それは、イエスがかのヤハウェ（神）の顕現した存在であることを直截に示しているであろう。[6]

かくして罪は、それを為す者に対して神的エネルギイア・プネウマの、そして神的生命の欠如をもたらし、再帰的な仕方で由々しい罰ともなるのである。さらに証聖者マクシモスは、われわれの「意志（グノーメー）」について、次のように喝破している。

グノーメー的な意志の異なりこそ（それはわれわれの通常の姿であるが）、罪のもとである。そして罪は、神からの分離（隔たり）、他者との分裂、そしてさらには己れ自身との分裂を引き起こすもとになるのである。（『難問集』一一六四A―D、邦訳一四七―一四八頁）

ところで、「神の似像に即して創られた」（創世記一・二六）とはいえ、現にある人間はすべて、そうした原型からいわば落下した姿においてである。なぜなら、すでに述べたように、すべての人は、「神に背反して悪しく意志すること」を自由・意志の「負の可能性」として抱えているからである。この意味では、「すべての人が罪のもとにある」（ローマ三・九）というパウロの周知の言葉は、人間的自由の抱えている「意志の構造そのもの」を語っていると解されよう。

言い換えれば、神の似像（エイコーン）という原型は、いわば「神のロゴスのうちなる人間の定め」であり、われわれの成りゆくべき本来的姿なのである。しかし、この時間的世界に生きているわれわれは、原型からの頽落の姿から出発せざるをえない。なぜなら、すべてわれわれは、神への意志的背反（罪）のわざによって、本来成りゆくべき姿から遠く離れてしまっているからである。(7) ここにおいて、自らの弱さと罪の姿を嘆くパウロの言葉が、改めて想起されよう。

> わたしは自分の意志する善は、これを為さず、意志しない悪を為している。……わたしは何と惨めな人間であることか。この死の体から、一体誰がわたしを救ってくれようか。われわれの主イエス・キリストによって神に感謝する。（ローマ七・一九―二五）

この最後の文は、「イエス・キリストを通した神の恵みこそが、わたしを死の体（罪）から解放し救いうる」という意味合いであろう。ともあれ、そこに注目すべきは、恐らく弱さと罪の自覚においてはじめて、神の霊、神の恵みがあらわに現前してくるということである。

さて、本節で述べてきた一連の問題は、言うまでもなく、その中心的位相として「ロゴス・キリストの受肉、受難（十字架）そして復活」という事態に密接に関わっている。そうした主題について、本書においては次の第四章において、証聖者マクシモスの文脈に依拠しつつ、吟味し探究してゆきたいと思う。そこでは、とりわけ「十字架と復活」という事柄を、いわば「今、ここなる出来事として」、つまり「われわれの意志のうちなる神のわざ・働きとして」、いささか哲学・神学的に問い披いてゆくことになろう。ただ、この第三章での以下の叙述においては、証聖者マクシモスのテキスト全体の広さと深さを少しく見定めるべく、同根源的な諸々の主題についてさらに述べてゆくことにしたい。

三　情念と自己変容——否定・浄化の道行き

諸々の情念（パトス）との戦いは古来、広義の「修道の道」の中心に存した。ただそれは、必ずしも特殊な生活形態であったのではなく、内実としてはより普遍的に、人間的自然・本性（ピュシス）を能う限り善く開花させてゆこうとした道であった。この意味では、すべての人は、時と処とを超えてそうした道に招かれているのである。

その道の途上、何人にあっても諸々の悪しき情念が生じてくるであろうが、その主な原因として、たとえば諸々の有限な事物（存在物）への、そして人への執着や、己れに閉ざされ己れに依り頼む傲り・傲慢などが存するであろう。そしてそれらは、前節で主題とした「神への意志的背反」（罪）の、いっそう具体化した姿・働きだと考えられる。

ところで、すでに述べたように、神への意志的背反とそれによる罪のわざは、われわれ自身に神的生命、神的存在からの分離、頽落をもたらす。それゆえ罪というものは、外なる対象、他者に悪しき影響を与えるだけではなく、同時にまた、自らの「在ること」（実体的な存在）を何らかの仕方で欠如的な姿（非存在のかたち）にもたらしてしまう。その意味で罪とは、「存在の次元」に多分に逆説的に関わる何ものかなのである。

そこで本節では、このことを踏まえつつやや手前に戻って、諸々の情念の生成・現出の意味を、人間的自然・本性の開花・成就の道に逆説的に関わるものとして考察しておきたい。

「在らぬもの」への執着としての情念　すべてが悪魔のわなとなりうる

「罪とは何か」に関するマクシモスの既述の表現に今一度注目すると、そこには次のように洞察されていた。

> すべての人は〔本来の原型としては〕神によって生きており、学とともにあるなら何人も決して死んではいない。しかし人は、罪によって自己を殺し、諸々の情念への意志的衝動によって自らを〔神なる〕ロゴスから切り離してしまうのである。（『難問集』一一六四A、邦訳一四七頁）

そしてさらに、「人は在らぬものへの傾き・執着を通して、在ることの欠如を自分自身に招いてしまう」（同、一一六四D）と語られている。この文中、「在らぬものへの傾き・執着」とは諸々の情念（受動的なもの）のことであろうが、それにしても「在らぬもの」とは何なのか。それが全く空虚なものなら、人を惑わし迷わせることもないであろう。それゆえここには、ふつう見逃されやすい微妙な事柄が潜んでいるのである。

神（ヤハウェ）の名は、周知のごとく「わたしは在る」（ehyēh, Ἐγώ εἰμι）（出エジプト三・一四）と啓示された。（ただ、生成・動態を旨としたヘブライ語の感触では、「わたしは在らんとする」と訳される。）あるいは、「わたしは在るところの者で在る」とも言われている。そうした「わたしは在る」という神名は、後世において端的な「存在そのもの」として、あるいは自らを根拠として「自存する〈在るそのもの〉」などとして語られている。（この点は枚挙にいとまがないが、ニュッサのグレゴリオスや証聖者マクシモス、アウグスティヌス、そしてトマス・アクィナスなども基本的には同様である。なお、東方・西方の教父の伝統はむろん旧・新約聖書のヘブライ・キリスト教的伝統の上にあり、ギリシア語やラテン語で思索しつつも、生成・動態を重んずるヘブライ思想の基本性格を担っているのである。）

してみれば、先の文中において執着の対象としての「在らぬもの」とは、「わたしは在る」たる神（存在そのもの）に比すれば「在らぬもの」と言うべきすべてのもののことである。(8) すなわち、この時間的世界におけるすべてのものは、往々にして意志的な執着の対象となり、誘惑（試練）の機会ともなるのである。この意味での「在らぬもの」の代表として、諸々の権力、財（富）、快楽、名声などが挙げられよう。それらは確かに、悪しき欲望や執着の対象になりやすく、しばしば悪しき行為と罪の機会となる。しかし、心ないし魂の状態によっては、文字通りこの世のすべてのもの、すべてのことが、試練と誘惑、罪の機会となりうる。これについて往昔のある修道者は、いみじくも次のように洞察している。

悪魔のわなはたくさんあります。彼は貧しさによって人の魂を動揺させなかったとすると、そのときは富を餌としてもたらします。暴力と侮辱によって力を振るうことができなかったとすると、そのときは称賛と名誉とを与えます。健康によって打ち負かされると、体を病気にさせます。快楽によって欺くことができなかったら、意に反した苦しみによって迷わせようと試みます。事実、悪魔は人々を落胆させて、神に対する彼らの愛を乱すために、神の許しによって重病を与えます。……罪人としてこれらすべてを被るならば、来世の苦罰、永遠の劫火、審判の責苦を思い起こしなさい。そうすれば、今生じていることに対して絶望しないでしょう。そして神が訪れてくださることを喜び、次の明るい言葉を口にしなさい。「主はわたしを厳しく鍛えたが、死には渡さなかった」（詩編一一七・一八）。（『砂漠の師父の言葉』、シュンクレティケ・七、谷隆一郎、鈴木〔旧姓岩倉〕さやか訳、知泉書館、二〇〇四年）

この透徹した言葉によれば、大方の予想とは多分に異なり、この世のあらゆるものが、つまり貧しさも富も、暴力と侮辱だけでなく称賛と名誉も、健康も病も、快楽も苦しみも、すべてが、われわれの受けとめ方次第で「悪魔のわな」、「誘惑の機会」となりうる。これは誰しも、肝に銘じておくべきことであろう。

人間的自由の謎・神秘　本来的姿の成立における二重否定の契機

ところで、古来のキリスト教的文脈にあって、物語風の叙述として悪魔（サタン）やその手先たる悪霊の名がしばしば登場する。そして、一般に悪魔とは、天使が傲慢ゆえに神になろうとして、かえって墜落してしまった存在だと言われよう。ただ、われわれはそうした悪魔なるものを、「闇に潜んで人間を狙っている何者か」だとして、いたずらに怯える必要はあるまい。悪魔はむしろ、「傲慢そのものの名（神からの背反）」と考えてもよい。実際、「砂漠の師父」の一人は、次のような印象深い言葉によって、悪魔ないし悪霊の真相をあらわにしている。

師父アガトンの弟子、師父アブラハムは、師父ポイメンに尋ねて言った。「なぜ悪霊どもはわたしを攻撃するのでしょうか。」すると師父ポイメンは語った。「悪霊どもがそなたを攻撃すると言うのか。われわれが自分の意志を行う以上、彼らがわれわれを攻撃するのではない。事実、われわれの意志が悪霊になるのである。つまり、意志を実現するためにわれわれを悩ますものは、われわれ自身の意志なのだ。」（『砂漠の師父の言葉』ポイメン・六七）

これによれば、すべてわれわれは、自らの意志が悪霊にもなってしまうような深淵を抱えている。それは人間的自由の謎・神秘でもあろう。[9] 他方、動物は与えられた自然・本性（ピュシス）の領域内で、本能に忠実に生きているだけで、悪しく意志することも罪を犯すこともない。それゆえ、彼らの自然・本性には、より善き変容もより悪しき頽落（罪）もない。そして一般に、いわゆる自然界（対象的自然）には、善も悪も顕在化することがないのである。

それに対して、ロゴス的（言語・知性的）存在者たる人間のみが悪しく意志し、また罪を犯しうる。しかし、それゆえにこそ、「悪しく意志すること」と「罪を犯すこと（神への意志的背反）」が、自らの意志を通して何らか否定され浄化されるなら、恐らくはそのような仕方ではじめて、善が現れ出てくるであろう。すなわち、そこに形成される有限な「善きかたち（アレテー、徳）」ないし「善く在ること」は、善そのもの（無限なる善、神）がこの世界、この身に何ほどか生成・顕現してきた姿だと考えられるのである。

言い換えれば、「人間的自然・本性の開花・成就」、つまり「人間・自己の真の成立」への道は、いわば二重否定の契機を有する。なぜなら、そこには次のような構造が存するからである。すなわち、人間の本来的原型ないし「神の似像に即して創られた姿」とは、「神のロゴスのうちなる人間の定め」であろうが、既述のように、現にあるわれわれはすべて、そうした原型からの頽落・否定の姿を抱えている。それゆえ、人間としての本来的姿を——それは、そこへと成りゆくべき原型であるが——実現してゆくためには、自らの頽落の姿を自由・意志の働きを通して否定し浄化してゆくほかないであろう。とすれば、そこには「否定の否定」という二重否定的契機が働いているのである。

そうした道行きは、いわば「自由の逆説」とも言うべき性格を有している。そしてわれわれは、それぞれの分（運命、役割）に応じてその道を歩んでゆくべく、自らの根拠たる存在（神、神的ロゴス）から呼びかけられているのである。

神的働きと人間的自由の働きとの協働

人間の歩むべき本来の道筋は、右のようなものと予想されよう。ただそこには、さらに問いたずねてゆくべき問題が隠されている。実際それは、生身の人間における「自由の構造そのもの」におのずと附随している問題なのである。

すでに述べたように、現にあるわれわれは誰しも、「悪しく意志すること」に、そしてさらに「神への意志的背反」（罪）の方向にも開かれている。それは、人間的自由に「負の可能性」のごとくおのずと伴っていることである。しかしわれわれは、自力のみによっては、そうした「意志的背反」（頽落・罪）の姿を否定し克服することができない。ただし、だからといって人間的自由が廃棄されてはならない。というのも、自由というものは、ロゴス的存在者としての人間にとって、いわば中心の生命線に関わるものだからである。従ってここに、「人間的自然・本性の開花」、あるいは「人間の本来的道行き」が成り立つためには、「神的働きと人間的自由の働きとの協働（シュネルギア）」という微妙な事態が窺われることになる。そしてそのことは、とりわけ東方・ギリシア教父の伝統にあって、一つの重要な主題として論じられてきたのである。

従って、神の働き・霊（エネルゲイア・プネウマ）、ないし神の恵みというものは、強制的かつ必然的に人間を動かすわけではない。この点、証聖者マクシモスはいみじくも次のように語っている。

神は人間を、彼らの意志的同意なしには動かさない。……霊（プネウマ）はわれわれのうちで自由・意志を新たに形成しつつ、善の顕現へと働かせる。[10]（『タラッシオスに宛てて』ＰＧ九〇、二八一Ｂ）

ただもとより、旧・新約聖書の多くの箇所には、神の働き・霊、あるいは神の言葉が人間に降り、人間の意志などの介入する余地のないほどに人を強く突き動かし、それぞれの使命に促すような言葉が、物語風に記されている。それはたとえば、「モーセに対する神名の啓示」（出エジプト三・一四）、それに続く「イスラエル民族のエジプト脱出の経緯」、「イザヤ、エレミアといった預言者の召命」、そして「パウロとキリストとの霊的出会いと劇的な回心」等々、数多く見受けられる。

しかし、「文字は殺し、霊は生かす」（二コリント三・六）とパウロ自身が喝破しているように、昨今の文献学の提示するような字義的かつ実証的な解釈には、ある根本的な限界があろう。とすれば、われわれは問題の中心的な位相に関する限りは、教父的伝統の語り出す洞察に耳を傾ける必要があると考えられる。

ともあれ証聖者マクシモスは、神的な働き・霊（エネルゲイア・プネウマ）と人間におけるその受容・顕現との関わりについて、次のように語っている。

神的な使徒（パウロ）は、聖霊の異なった働き（エネルゲイア）を異なった賜物として語る。ただ、それらは明らかに、同一なる霊の働いた姿なのだ（一コリント一二・一一）。それゆえ、もし霊の顕現が賜物への与りを通して、各人の信・信仰の測りに従って与えられるとすれば（ローマ一二・一二）、信じる各々の人は明らかに、信の類比（アナロギア）とその人の魂の状態とに従って、霊の相応する働きを受容する。そしてそうした霊の働きは、個々の掟を実行するに適した習性を各人に賜物として与えるのである。（『神学と受肉の摂理とについて』Ⅲ・九六、『フィロカリア』Ⅲ、谷隆一郎訳、新世社、二〇〇六年、所収）

各々の人は、自らのうちなる信・信仰の類比に従って、聖霊の明らかな働きを獲得する（ローマ一二・三）。つまり各人は、自ら自身に対する恵みのいわば執事なのだ。それゆえ、よく思慮を巡らせて、さまざまな恵みを享受している他の人を決して妬んではならない。なぜなら、諸々の神的な善きものを享受する状態は、各々の人〔の信の働き〕に依存しているからである。（同、Ⅴ・三四）

これらの言葉によれば、「信（ピスティス）の類比に従って」われわれのうちに神的働き・霊が注ぎ込まれ、宿されてくる。つまりそれは、「意志的聴従の度合に従って」ということでもある。すなわち、神の霊（プネウマ）は、神がその名に値する無限なる存在であるなら、時と処とを超えてつねに働いているであろう。しかし、そうした神の霊は、われわれの側の「信の類比」ないし「意志的聴従」に応じ、それに従って、あるとき、今、ここなる仕方で具体的に生成し顕現してくるのである。とすれば、そこには「つねに」と「あるとき」との（つまりは永遠と時間との）微妙な関わりの存することが窺われよう。

言い換えれば、そのことを無視して神の恵み（恩恵）というものをいわば祭り上げ、人間的自由の方を、恵みの現れ・生起とは無関係なもの、奴隷のようなものと看做してはなるまい。なぜなら、自由・意志の働きをそのようにないがしろにする際には、「人間的自然・本性のより善き変容（再形成）」といった、人間存在の本来的可能性に関わることが、ほとんど主題化されることなく放置されてしまうからである。それはあるいは、「人間・自己」の本来は切実な問題が多分に見捨てられることとも言えよう。

ちなみに、先の引用文と同様の主旨であるが、ニュッサのグレゴリオスはつとに次のように語っていた。

ゆたかで朽ちることなき霊は、その恵みを受容する人々につねに流入する。聖なる使徒たちは、キリストの交わり・教会（エクレシア）によりそうした恵みに満たされて、溢れるばかりの実りを身をもって示したのだ。聖霊は、その賜物を純粋に受容する人々にとって、受け取る人々それぞれの信・信仰という測りに従って、協働者、同労者として（二コリント六・一参照）存続する。……そして、魂の信仰の働きのただ中で生みの苦しみを伴いつつも、一人一人のうちに善を形成してゆく。「彼は与えられたわざ・仕事に従ってその報酬を受ける」（一コリント三・八）と書かれているように、聖霊の恵みは、それを受け取る人のそれぞれに、前進と増大とを通して与えられるのである。（『キリスト者の生のかたち〈キリスト教綱要〉』一六—一七頁、谷隆一郎訳、知泉書館、二〇一四年）

この文章はグレゴリオス晩年の珠玉の作品中の言葉であるが、人間本性における「善の生成・顕現」の——それは「善きかたち（アレテー、徳）の成立でもあるが——、中心的位相を示している。マクシモスはそうしたニュッサのグレゴリオスの把握を継承し、さらに敷衍しているのである。

受肉したロゴス・キリストのエネルゲイアの現前

すでに述べたように、意志的聴従を通して神の働き・霊（エネルゲイア・プネウマ）がわれわれの魂の内奥に注がれ宿されるとき、それは「善く在ること」、「善きかたち（アレテー、徳）」の形成となろう。そして、そのひそやかな出来事は、ある意味で「新しい人」の誕生であり（エフェソ二・一五、コロサイ三・一〇参照）、新しい存在の現出である。従ってそれは、「新しい創造」という意味合いを有するのである。

しかしそれにしても、そのことの根底には、己れを限りなくなみするような自己否定の契機が不可欠のものとして働いているであろう。が、それはわれわれの自力のみで為しうることではなかった。してみればここに、己れをなみし真に謙遜でありうるための根拠が、われわれのうちに、またわれわれを超えて現存し働いていなければなるまい。

このことは、振り返って言うなら、「パウロのキリストとの霊的出会い」において典型的に見出されることであった。ただ、ここに改めて問題になるのは、何らか一般化された神的霊ではない。なぜなら、神的な霊がそれ自身超越的でありつつ、人間本性に適合したものとなって受容され宿されたことが、問題の要にあるからである。そこで、今一歩踏み込んで言えば、「神性と人性とのヒュポスタシス的結合」としての「ロゴス・キリスト」（受肉存在）の働き、つまり神人的エネルゲイアが、人間的自然・本性に何ほどか受容され宿されるとき、同時にまた「魂・人間の善きかたち（アレテー、徳）」が成立してくるであろう。従ってそれは、「根拠たるロゴス・キリスト」の神人的エネルゲイアの顕現の姿でもあって、いわば「受肉の受肉」という意味合いを有しているのである。

さて、ロゴス・キリストの働きは、それに真に出会ったパウロならパウロの経験に照らし合わせれば、人間的な弱さと罪を否定し浄化して、「新しい人」に甦らせるような力として働いたのである。そしてそれは、教父たちの眼差しにあっては、「キリストの受肉、受難（十字架）そして復活」の全体を貫いて現存して働くものであったと考えられよう。そこにあっては、実証性・客観性を旨とする大方の学問が前提としているような「対象化された通俗的時間把握」は、突き抜けられている。すなわち、それぞれの根本的出来事は、その中心的位相に関する限りは、それらを経験する人において、まさに同時的に生成・顕現してくることが凝視されていたのである。

ともあれ、そうした事態の内実を多少とも問い披いてゆくことは、本書の目標とするところであるが、それについては第四章以下においてマクシモスの聖書解釈の文脈に即して吟味・探究してゆくことにしたい。ただここでは、それに先立ち一つの問題提起として、次のことに注意しておこう。

ある種の循環に見えること　アポリア（難問）の発見

既述のような「神的働きと人間的自由の働きとの協働」とは、人間本性の本来的な歩みにとって重要な事柄であるが、両者の関わりには次のようなある種の循環が潜んでいるように見える。

（ⅰ）「信の測り」ないし「自由な意志的聴従」によって（つまりは「善く意志すること」によって）、はじめて神的働き・霊（エネルゲイア・プネウマ）がわれわれに受容され、宿りきたるであろう。そしてそのことが、善きわざ・行為をもたらすのである。

（ⅱ）しかし他方、神的働き・霊の受容によってこそ、信・信仰のかたちも形成され、現に「善く意志すること」も成立しうるであろう。

とすれば、こうした（ⅰ）と（ⅱ）が無限に循環し遡行してゆく際には、現実のわれわれにとって、ほんの小さな「善く意志すること」も「善きわざ・行為」も現に成立しえないということになろう。してみれば、人間的自由と神的霊との具体的な働きが無限遡行に陥らないための根拠として、恐らくは原範型としての神的霊が、すべてのもの、すべてのことに先んじて現存し働いていなければなるまい(11)。

言い換えれば、人間的自由が現実に「善く意志し、善きわざを為しうること」の可能根拠を問いたずねてゆくとき、われわれは改めて「自由の深淵」の前に、あるいはむしろ「創造の神秘」の前に立たされよう。(もとより、神的霊や恵みの絶対的な働きをむやみに主張すればいいというわけではなく、逆にまた、人間的自由をいたずらに肥大させて、神的働きをないがしろにし否定するような傲りに陥ってはならない。)

こうした事柄は、古よりのアポリア（難問）の一つであろう。しかし、「アポリアの発見」は往々にして、いっそう根源的な問題場面にわれわれを導くものとなる。（先に言及した「神的霊のすべてに先んじる働き」、あるいは「神の憐れみの先行」といった「創造の神秘」に触れることについては、後に、とくに第五章にていささか吟味することにしたい。）ただ、ここでは一つのアポリアを提示するに留め、次節では、罪および情念の問題と通底している「身体ないし身体性の意味」をめぐって、その要となることを考察しておこう。

四　身体ないし身体性の問題――魂と身体との同時的生成

ヘブライ・キリスト教、とくに教父の伝統にあって、「身体ないし身体性というもの」は殊のほか重要な意味を担っていた。そしてそのことは、いわゆる心身問題や「人間的自然・本性（ピュシス）の本来的な道行き」についての把握とも密接に関わっているのである。そこでまず、後の論述に備えて身体観に関する基本的なことを少しく確認しておく。

古代ギリシア哲学における身体観との対比

ヘブライ・キリスト教の伝統に比して、古代ギリシア哲学の大方の思想動向においては、身体というものはほとんど中心の主題とはならない。このことは、たとえばプラトンの愛智の営み（＝哲学）において顕著に認められよう。というのも、そこではいわば無時間的な論理空間のうちで探究が為されており、形相（エイドス）間の関わりないし結合を吟味することが、論の基調となっているからである。（そうした傾向は、いわゆる形相主義・本質主義とも言えよう。）

従って、その際、身体の方は、われわれにあって「脱ぎ捨てられるべきもの」、「排除されるべきもの」と看做されることになる。と同時に、「魂と身体との何らかの結合体」としての人間、つまりこの時間的可変的世界に生きる「生身の人間そのもの」が、そして「自己」が全体として問われることがない。言い換えれば、そこにあっては「純粋な魂」が考察の中心となる。またそれとともに、「生成」、「時間」、そして「意志」なども、ややもすれば副次的なものとされ、中心の主題とはならないのである。

古代ギリシア哲学の思想傾向は、大略、そのように捉えられよう。それに対して、とくに東方・ギリシア教父の主たる伝統にあっては、「生成」、「動性」、「自由・意志」、「わたし・自己」そして「身体」などが、探究のまさに中心軸を担うものとなるのである。

では、それにしても、証聖者マクシモスの哲学・神学にあって、なぜ「身体ないし身体性」が中心の主題の一つとなるのであろうか。これはむろん、人間的自然・本性そのものの基本理解に関わることである。そこで次に、便宜上、あらかじめその概要を見定めておきたい。

人間的自然・本性の動性と変容可能性　身体性の意味

証聖者マクシモスによれば人間本性は現に在るわれわれにとって、すでに完結し静止したものではなく、実体・本質（ウーシア）の次元での「動き、動性」を有しているという（『難問集』一〇七二B―C、一〇七三B―C、邦訳四八―五二頁など）。それゆえ、「人間は神の似像と類似性に即して創られた」（創世記一・二六）という周知の表現は、われわれがすでに事実として所有している姿のことではなく、むしろ「成りゆくべき究極の姿（目的）」を指し示していると解される。しかもそうした姿は、誰にとってもあるとき到達してしまうようなものではない。つまり、すべてわれわれは、それに向かって最後まで途上の道をゆくほかはないのである。

このことは、とくにニュッサのグレゴリオスが『モーセの生涯』や『雅歌講話』といった晩年の主要著作において透徹した仕方で語り出すところであった。そこにあって、「自己自身を超えゆくエペクタシス（自己超越）」、「絶えざる生成」が語られるのだが、それを示す基本的表現を一つだけ挙げておこう。

> 第一の、かつ本来的な善（つまり善性）とは、神的なものそれ自身である。……そうした善は限度を持たないので、善を分有するという欲求そのものは無限へと超出してゆき、静止することがない。……それゆえ、われわれの受容しうるだけの完全性から全く離れてしまうことなく、人間的探究に可能な限りでの完全性に達することができるように、最善を尽くすべきである。なぜなら、人間的自然・本性にとっての完全性とは、恐らく、善（美）により多く与ることを絶えず意志し志向することに存するからである。（『モーセの

生涯』Ⅰ・七―一〇、谷隆一郎訳、『キリスト教神秘主義著作集』１所収）

そうしたことはまた、「不断の創造」という言葉で表わされる。すなわち、神による世界創造とは、単に過ぎ去った過去的事実などではなく、むしろ歴史の展開を通して生成・顕現してくると言えよう。しかもそのことは、一人一人の人間の意志的なわざ・行為を通して、その都度「今、ここに」何ほどか現実化（身体化）してくるであろう。とすれば、ロゴス的存在者としての人間が、創造の持続と展開のために恐らくは不可欠の役割を担っているのである。このことは後に改めて問題にすることとし、ここでは一言だけ記しておく。証聖者マクシモスによれば、人間は「自然・本性的紐帯（結び目）」として働きうるという。つまり人間は、諸々の存在物（被造物）の多種多様な関わりにいわば一性を附与し、万物を「全一的な姿」（広義のエクレシア、教会）に統合してゆく役割（分、運命）を有するとされている。

ところで、人間的自然・本性はその本来の姿として、自らの「より善き変容」、「アレテー（善きかたち、徳）の形成」という道をゆく可能性を有する。（もとより、人は誰しも「神への意志的背反」という罪のわざ・行為にも晒されており、本来的な道が成立するためには、多少とも苦しい努力や祈りとともに、神的働き・霊の助けを必要とするが。）すなわち、人間本性は、無限なる神性（善性）に与りゆくべく開かれている。そして、そうした変容可能性を担うものとして、あるいはそれが具体化し実現するためのいわば場ないし質料（素材）として、身体ないし身体性が不可欠なのである。

言い換えれば、身体を排除した純粋な（自存する）魂などというものは、アレクサンドリアのクレメンス（一五〇―二一五頃）がつとに指摘しているように、「はじめから救われてしまっている。[12]」つまり端的に善なる魂は、実体的により善くもより悪しくもならず、完結した形相（エイドス）のようなもの、想像上の産物であって、現に生きている人間ではない。ちなみに、「身体から離れるべきだ」という表現は、古来の修道的文脈にあってしばしば見られる。が、それはあくまで、身体的なもの、この世の有限な事物への意志的な執着や欲望から離れるべきということであり、単に対象化された身体から離れるとか、身体を除去するなどということではない。

かくして、右に少しく見定めたように、身体が真に主題になるということは、人間本性の変容・再形成や、そこに現前する神的働き・霊に対する意志的関わりといった事柄と通底している。つまり、教父的伝統においては、「身体」、「生成」、「時間」そして「意志」などの問題は、相互にかつ同根源的に関わっているのである。

魂と身体との同時的生成

さて、証聖者マクシモスの身体論の基調は、「魂と身体（ソーマ）との同時的生成」という言葉で表される。それはむろん、ヘブライ・キリスト教の自然把握・人間把握を土台とするものであるが、対極的な二つの捉え方のいずれをも退けていわば中道をゆくものであった。そのことは、古来の思想潮流に対する批判的見定めに関わるとともに、自然科学の大いに進展した今日、物質ないし物的要素の探究を旨とした自然と人間との把握に根本からの反省を促すものともなろう。われわれの常識のうちには、自然科学的な「ものの捉え方」が深く入り込んでいるからである。

そこで、逸脱した両極について簡単に触れておこう。一方の極は、すでに言及したように、「魂＝神的なもの」を尊ぶ余り、身体（ないし質料、物質）の方を、本来の人間的自然・本性（ピュシス）にとって「副次的なもの」、「排除されるべきもの」と看做すような思想傾向である。たとえば、往時のグノーシス主義やマニ教などの極端な善悪二元論風の思想は、「魂＝善なるもの」、「身体＝悪なるもの」と捉え、身体や質料、そしてさらには「この世的、時間的なもの」を悪と看做す。それゆえ、それらを脱ぎ捨てて永遠的な故郷（アイオーン界）に帰ることが、人間の救い（救済）だとしている。（プラトンはもちろん、それらとは同列には語りえないが、身体を脱却した魂に人間の本来的姿があるとする点では、恐らく類似した傾向があろう。）

他の極は逆に、魂が神的起源を有していることなどは度外視し、物質的なものの離合集散の探究を基本とする自然科学である。また、自然科学を一つの範として実証性、客観性を旨とする諸々の学的探究も、多分に根本的限界を抱えているであろう。というのも、そこにあっては、「善」、「自己」、「意志」などが、問題の中心的位相に関わる主題として言語的に探究されえないからである。

ともあれ、ここに注意すべきは、これら二つの極が微妙に通底していることである。つまり、「善悪二元論的な密儀宗教」と「唯物的な性格を持つ自然科学」とは、一見対極的で相容れないものだが、その根本では通じていると考えられよう[13]。

これらの思想傾向に対してマクシモスは、この有限な時間的世界における「魂と身体との同時的生成」を決然と主張している。そしてそれは、単に心身問題についての一つの教説であることを超えて、「自然・本性（ピュシス）把握」、「存在把握」の根本に関わるものであった。マクシモスのそうした心身論は、第二章で見定めた「ロゴス・キリスト論」や「神化（神的生命への与り）」という根本問題の探究とともに、満を持して語り出されている。

では、なぜ魂と身体は、現実の人間の誕生・成立にあって同時的に生成するとされるのか。そのことを問いたずねるに際して、改めて注目すべきは、「実体・本質（ウーシア）のロゴス（意味）」と「生成（ゲネシス）の方式」とが峻別されていることである。すなわち、魂と身体とは、それぞれの「実体の意味」に関しては明確に区別される。これは、それぞれのいわば無時間的な意味次元でのことである。しかし、この有限な時間的世界に生成・顕現してくる際には、魂と身体とは両者の関係性に即して結合しつつ、同時的に生成してくるとされるのである(14)。それは次のような理由によるという。

もし魂と身体とが人間の部分であっても、部分というものが必然的に何かとの関係としてあるとすれば〈全体はまさに述語づけられるもの〈カテゴリー〉を有するからだが〉、そのように関係的に語られるものは、その生成（ゲネシス）に際して、同時に全体として、また全体的に在る。すなわち、諸々の部分は、それらの〔現実の〕結合によって〔人間という〕形相全体を完成させるのであって、区別のための概念によってのみ〔魂や身体という〕各々の実体・本質（ウーシア）を互いに区別するのだ。魂と身体とは人間の部分として、〔現実には〕互いに時間的に先在したり、後に別々に存在したりすることはできない。なぜなら、そのようなことを言えば、関係のロゴス（意味）が廃棄されてしまうからである。（『難問集』一一〇〇C—D、邦訳八一頁）

かくして、この時間的世界における現実の生成（誕生）としては、魂と身体とは同時的に生成してくる。つまり、両者は関係的に結びついており、魂と身体との結合によって「人間の全体」（人間的形相）が生成するであろう。それゆえ、実際の生成の場面では、身体から離れて「魂はそれ自体として在る」と言ってはならない。

実際、「魂は身体の全体にわたって全体として遍在し、身体に生きることと動くこととを与えている」（同、一一〇〇Ａ）という。そして魂は、自然・本性として非身体的（非物体的）なものであって、身体の肢体の全体と部分に現存している。魂とはそうした「働きの名」であり、単に「もの化」して対象的に捉えてはならないのである。[15]

しかし、生命を附与する魂の働きは、われわれにとってすでに成就した事実としてあるのではなく、むしろさらに、「より善きものにか、より悪しきものにか」という両方向に開かれている。平たく言えば、心身問題というものはその根底において、おのずと倫理的な問題場面に接しているのである。

ところで、魂は身体に「生きることと動くこと」を与えているとあったが、そのような魂の生成は何にもとづくのか。この点、証聖者マクシモスは次のように語っている。

> 魂の生成（ゲネシス、創造）は、諸々の身体（物体）的なもののように基体としてある質料から生じるのではなく、神の意志によって、生命の霊（プネウマ）が吹き込まれることによって生じる（創世記二・七）。……そこにあって魂は、身体との同時的な結合に従って「在ること」を捉え、一人の人間の成立へと導かれる。しかし、身体は明らかに、基体としてある質料から――つまり他の身体・物体から――魂との結合に従って、〔魂の生成と〕同時に生じるのである。（『難問集』一三二四Ｃ、邦訳三二一―三二三頁）

さらなる課題の提示

身体論の基本は、以上のように語られている。しかし、もとよりわれわれの具体的な歩みにとって、問題はその先にある。すなわち、第三章のはじめで吟味したように、われわれは現に「在ること」（所与の姿）から、さらには「善く在ること」、「善きかたち（アレテー、徳）」を形成してゆく可能性を有している。その際、自由・意志の働きが不可欠の役割を果たしうるのであった。

ここに注目すべきは、本来、ある種の円環的かつ自己還帰的構造が存していることである。なぜなら、魂・人間は自らの存立根拠たる神的ロゴス（ヨハネ一・三）に対して、「意志的に聴従するか、背反するか」という両方向に開かれているからだ。言い換えればそれは、神的エネルゲイア・プネウマの「より善き（＝より大なる）受容・宿りか、より悪しき（より小なる）受容か」という両方向であり、「存在のより大、より小」に関わっているのである。

従ってそこには、自らの存在の成立根拠（神的ロゴス）へと改めて立ち返り、より善き受容・結合を愛し求めてゆくという「根拠＝目的」なる存在（神）への自己還帰的構造が存するであろう。それゆえ、人間的自然・本性（つまり魂と身体との不思議な結合）の開花・成就してゆく道には、無限なる神性・善性に能う限り関与してゆくような、「絶えざる生成」ないし「不断の創造」という「生成のダイナミズム」が漲っているのである。

しかし、その際われわれは、多かれ少なかれ、「神的働きへの意志的背反」（＝罪）の方向にもつねに晒されている。が、自力のみによっては、そうした「負の可能性」を否定し克服することができない。従って、人間本性の本来的道行きが成立するためには、恐らく「受肉したロゴス・キリストの働き（神人的エネルゲイア）」に、自由・意志の働きを通して与りゆくことが必要であろう。

だがそうした事柄は、必ずしもキリスト教の一見特殊な教理（ドグマ）の枠内にあることではなく、むしろ教理の原初的成立の機微に関わる。言い換えれば、そうした機微は、ほかならぬわれわれ自身の意志の構造ゆえに、

「人間的意志のうちなる神のわざ・働きとして」問い披かれるべきことであろう。そしてそのことは、むろん人間探究・神探究の中心的位相に関わる。しかし、それを吟味してゆこうとするとき、とりわけ証聖者マクシモスの文脈では、「ロゴス・キリストの十字架と復活」の、いわば時と処とを超えて現前する働きを見つめてゆくことが、新たな課題としておのずと現れ出てくるであろう。ただ、そのことの吟味・探究は、これを次の第四章に委ねたいと思う。（というのは、この章で言及する以下の諸問題もすべて、根底では右のことに収斂してゆくと考えられるからである。）そこで、ここではさらなる課題を提示するに留め、次に元の文脈に戻って、身体ないし身体性の重層的な意味を確認しておこう。

身体・身体性の意味

先に述べたように、人間的自然・本性（つまり魂・人間）はこの時間的世界に生きるわれわれにとって、すでに完結し静止したものではなく、実体的に「動き（動性）」のうちにある。そして本来、神性・善性をより善く（＝より大に）受容し宿すことへと定められているのである。身体とはその際、まずは人間本性のそうした変容可能性を担うものと解されよう。あるいはそれは、人間本性の具体的な生成・顕現のためのいわば「器」ないし「場」でもあろう。もちろん、常識的には魂と身体は人間の部分だが、単に二つの物体的部分ではない。つまり、魂は「身体に生きることと動くこととを与えている」とされ、それゆえ「働きの名」なのである。

さて、「生成（ゲネシス）の方式」とは、「実体・本質（ウーシア）の無時間的な意味」とは峻別されるべきものであった。そこで、この時間的世界における生成の基本的動向からして、身体というものの多義的かつ重層的な意味は、次のように捉えられよう。

（ⅰ）人間（人間形相）の誕生・生成にあって、そしてつまり「魂と身体との同時的生成」にあって、質料ないし場・器としての役割を担う身体。

（ⅱ）さまざまな具体的行為・わざの成立を現に担うものとしての、広義の身体、質料。

（ⅲ）すべての意志的行為の根底において、個々の行為の形相（エイドス）が、「善〈神性・善性〉への関わり」という上位の形相を宿す身体ないし場となる。（この点、簡潔に言っておくとすれば、個々の行為のかたち・形相は、「善そのもの〔究極の目的、神〕に対するわれわれの関わり」を直接に示しているのではなく、むしろそれを宿し具体化させるような広義の身体・質料なのである。）

（ⅳ）総じて言うなら、人間的自然・本性が「神の生成・顕現」の、また「神化（神的生命、神的存在への与り）」のための身体・場となりうる。（ⅰ）から（ⅲ）はむろん（ⅳ）に定位されており、全体として一つの「現実以上の現実」が生起してくるであろう。そしてここに、「諸々のアレテー（善きかたち、徳）において身体化した神」という言葉が想起されるのである。

五　愛による諸々のアレテーの統合——神の顕現のかたち

感覚的なものと恣意的なものとの類比的関わり　アレテーの重層的な構造

既述のように、この時間的世界に生きている人間にとって、身体・物体（ソーマ）を除外した純粋な魂というものは、いわば想像上の思弁的産物であろう。そこで、あらかじめ基本的動向を言うなら、身体的なもの、感覚的なものと思惟的なものとは、証聖者マクシモスによれば、この現実の世界にあっては決して分離し独立に存在していくのではない。かえってそれらは、それぞれが類比的に結合しつつアレテー（善きかたち、徳）の成立に与ってゆくという。そしてさらには、諸々のアレテーが互いに結合し、すべてが相俟ってより上位の霊的次元に上昇しうるとされている。そこでまず、五つの感覚と魂の諸力との対応について、テキストに即して簡単に押えておこう。

感覚的世界にはむろん五つの感覚が関わるが、思惟的世界は諸々のアレテーを構成するという。それはさらに、霊（プネウマ）の把握に促されてゆく。その際、身体の諸感覚は、それらに適合したより神的なロゴス（言葉）に即して、魂の諸力の構成物となり、それらを現に働かせる。つまり、それぞれの感覚は、魂のそれぞれの力に類比的に神秘的ロゴスによって帰属せしめられているとされる。

このことについて、具体的には次のように言われている。すなわち、視覚は思惟的力ないし知性（ヌース）に、聴覚はロゴス（言葉）に、嗅覚は気概的力に、味覚は欲望的力に、そして触覚は生命的力にそれぞれ属しているという。このようにうがった説明が為されているが、とくに注目すべきは、諸感覚と魂の諸力との関わり、そしてさらにアレテー（魂・人間の善きかたち、徳）の成立について、以下のように語られていることである。

> 魂は諸々の感覚を通して、万物を知恵ある仕方で創造する神の法に即して自らの諸力に関わり……感覚されたものへと多様な仕方で移りゆく。そこで魂は、もし存在物のあらゆるロゴスを集約しつつ、固有の諸力（ロゴス的力、気概的力、そして欲望的力）によって諸感覚を善く用いるなら、見られるものすべてを知恵ある仕方で自らの方へと移し入れることができよう。その際、神は見えるもののうちで沈黙によって告知されつつも、〔実体としては〕隠されている。しかし神は、自らの意志にもとづいて思惟のうちに最も美しく霊的

な世界を創ったのだ。すなわち、思惟的にかつ霊（プネウマ）に従って諸々のアレテーに満ちた世界を成就するために、神は構成要素として四つの普遍的アレテーを互いに結合する。つまり、神は諸々の感覚に対して魂の諸々の働き（エネルゲイア）を結合することによって、それぞれのアレテーを現に成立させているのである。（『難問集』一二四八C―D、邦訳二三七―二三八頁）

これは驚くべき洞察を含んだ表現であろう。おそらくマクシモスは、神の子イエス・キリストの姿を観想しつつ一般化して語っていると思われる。なぜならパウロの言にあるように、「キリストのうちには、すべてのアレテーが全き仕方で体現されている」からである。

ただそのことは、本書のはじめに述べたことからして、ロゴス・キリストのエネルゲイア・プネウマに出会ってそれを宿した原初的経験からこそ――それは使徒たちをはじめ、後世の幾多の人々においても同様であろうが――、新たに見出され言語化されたのである。とすれば、先に引用した文章は、イエス・キリストの姿をしも、全きアレテーとその働きとの範型として指し示していると考えられよう。

ところで、先の文中、魂が固有の力によって「諸々の感覚を善く用いるなら」、感覚されるものを自らの方に知恵ある（善き）仕方で移し入れることができるとあった。（ただ、既述のように、この「善く」ということが、実は誰にとっても大変むずかしいのだ。なぜなら、われわれは多かれ少なかれ弱さと罪とを抱えており、往々にして反対の「悪しく」「神に背反する仕方で」、感覚的なもの、身体的なものを用いてしまうからである。それゆえ、「善く」意志し行為することの可能根拠がつねに問題なのである。が、その点は改めて次章にて問い求めることにしよう。）

とすれば、そうした仕方で魂・人間のアレテー（善きかたち、徳）が形成されようが、そのうちには感覚的なもの、身体的なものがより善く浸透し結びついている。そしてさらに、四つの普遍的アレテー、つまり、「勇気」、「節制」、「思慮」、「正義」という古代ギリシア以来のいわゆる四元徳が互いに結合し、ついには多様にして一なる全一的なかたちで具現してゆくとされている。そしてその際、神は「思惟のうちに、つまり神的ロゴスのうちに最も美しく霊的な世界を創った」という。それは端的には、「全きアレテーを有するキリストの姿」を見つめ、その姿をわれわれの成りゆくべき範として語る言葉であろう。

愛による諸々のアレテーの統合

ともあれ、四つのアレテーとは、魂の諸力がそれぞれの仕方で諸感覚と交流することによって、そこに形成された「魂・人間の善きかたち」である。そして、それらがさらに結合して、より上位の姿へと高められてゆくのである。その詳細は措くとして、テキストに即して、次に要点のみ記しておく。

すなわち、思慮と正義から「知恵（ソフィア）」が形成され、他方、勇気と節制から「柔和」が形成されるという。ここに知恵とは、「思慮に即した知（グノーシス）」と「正義に即した知識（エピステーメー）」とを結合する原因である。それゆえ、知恵は「諸々の知られるものの限度」だとされている。また柔和とは、気概的力と欲望的力とが「自然・本性に反するもの（罪）」へと動かされないことにほかならない。それは、「不受動心」（情念からの解放）（アパテイア）とも呼ばれる。（ちなみに、それは元来ストア派の用語であったが、証聖者マクシモスはその語をいっそう大きな動的構造のうちで捉え直し、展開させている。）それゆえ、柔和は「諸々の実践の限度・目的」だとされるのである。（以上、『難問集』、一二四九A―B、邦訳二三八―二三九頁による。）

こうした説明は余りに簡潔なものだが、その意味射程ははなはだ大きい。従って、それらを個々の知見として切り取るだけではなく、人間的自然・本性全体の開花・成就という中心的動向に関わるものとして受けとめる必要があろう。そこで注目されるのは、愛（アガペー）という最後の段階を語る次の言葉である。

> そして最後に、それら（知恵と柔和）は、すべてに勝って最も普遍的なアレテーたる愛（アガペー）に極まる。すなわち愛は、諸々の「根拠づけられ、動かされ、〔終極に〕静止するもの」（すべての被造物）を、自らによって脱自的に超出し、自らを通して前進させ、自らへと一にもたらし（一体化させ）、さらには神化させうるのである。（『難問集』一二四九B、邦訳二三九頁）

かくして、「最も普遍的なアレテーたる愛」は、被造的な存在物を「自らによって脱自的に超出し」、「自らを通して前進させ」、そして「自らへと一体化させる」という。そのような「超出」、「前進」、「一体化」という三つの階梯は、さらに万物の「神化（神的生命への与り）」といういわば再創造の道の中心を担うのである。というのは、そうした愛は、単に魂の内面のみに留まるのではなく、先述の「思慮、正義、勇気、節制などすべてのアレテーの統合」として、自らのうちに、感覚的なもの、身体・物体的なものを自らに適合した仕方で含んでいるからである。そして、この意味で愛は、「神的な霊（聖霊）の働きを受容し宿したもの」であろう。それゆえ、愛という最上のアレテーの形成・顕現において、ある意味で神と人とが何らか触れ合い、微妙に交流しているのである。(16)

ところで、そこに窺われるのは、「根拠（原因）」が同時に「終極（目的）」でもあるような、円環的・自己還帰的構造が漲っていることである。なぜなら、神の愛（神的意志）とは――ロゴスの働きによって（ヨハネ一・

三）――万物を成立させた「根拠（はじめ）」であるとともに、万物（すべての被造物）が志向し愛してゆくべき終極・目的でもあるからだ。他方、人間の真実の愛は、そうした「根拠＝目的」なる存在（無限性としての神）が何らか有限なかたちで生成・顕現してきた姿であろう。すなわち、すでに言及したように、神は「神への愛として」この時間的世界に現出してくるのである。

ちなみにこのことは、いわゆる「神の存在証明」の基本となりうるであろう。古来、使徒たちをはじめ（旧約の預言者たちも含めて）、幾多の人々が神の愛ないし働き・霊に貫かれて、自らの全体を神への愛に捧げて生きた。その際、そうした「最上のアレテー」としての愛を生きている人自身が、そのような生を可能にした神的働き・霊の現存を、そしてひいては、その生じ来たる源泉（主体）としての神の存在を遥かに証しし指し示しているのである。

「すでに、かつ未だ」という構造　絶えざる生成

そこで、本書の探究方向からして、さしあたり次のことを確認しておこう。

すでに少しく見定めたように、「全きアレテーを体現したキリスト」の姿は、思惟的なものと感覚的・身体的なものとが類比的に善く結合した「魂・人間のかたち」であった。とすればそれは、この有限で時間的な世界に無限なる神（神性・善性）が生成し顕現してきた姿であろう。言い換えれば、そのことはまさに、「父なる神への全き聴従」として、「子たるキリスト自身の信（ピスティス）が到来したこと」（ガラテア三・二五）を証示しているのだ。このように見るとき、「ロゴス・キリストの顕現・到来」の姿は、恐らくはわれわれがすべて、自らの分・運命に従って「成りゆくべき究極の姿（終極目的）」として映じてくることになろう。

しかしそれにしても、われわれが現に目指してゆくべき道行きは、いわば「すでに、かつ未だ」という構造のもとにある。すなわち、アレテーの統合としてのキリストは「すでに」到来したと信じられ、そのように語られた。が、他方、そうした「全きアレテーの姿」はわれわれにとって、いつの時代にも「未だ」成就しておらず、未完成なのだ。従って、「すでに、かつ未だ」という緊張した構造を自らが何ほどか担いゆくことがなければ、キリストおよびキリスト教というものを自分の外に対象化し、「すでに知られたもの」として祭り上げてしまうことになりかねないであろう。

というのも、「受肉したキリスト」、「すべてのアレテーを体現し統合した存在」といった事柄は、決して過去の客体的事実ではなく、また単に知の対象でもなく、自らの全体がそこへと開かれてゆくべき「信の対象」なのである。つまりそれは、人間・自己の真の成立そのものに関わることであり、そのことをなおざりにして「信じればいい」などという話ではない。してみれば、われわれはその都度つねに、原初的・使徒的な「信の成立の場面」に立ち帰って、それをしも自らの問題として担ってゆかなければなるまい。

ところで、「すでに、かつ未だ」という構造は、人間的自然・本性の完全性への道行きが「そのうちに置かれている当の構造」であって、われわれはむろん、その外に出て一挙に神性・善性と合一してしまうことはできない。そして実際、弱さと罪（神への意志的背反）とを抱えたわれわれにとって、「全きアレテーの姿（キリスト）」に真に関与してゆくことは、容易なことではない。従って、その道が現に成立してくるためには、諸々の弱さと情念、罪の傾きなどを何ほどか否定し浄化してゆくという「自己否定（無化）の契機」が、いわば不可欠の媒介として働いていなければなるまい。そしてそこに、「人間本性の本来的な道行き」がかろうじて成立しうるであろう。が、それは「少な少なと悪しきを去る」[17]ような、「絶えざる生成」という動的性格を有するのである。

しかし、そうした「自己否定の契機」が不可欠の媒介として働いているとはいえ、もとよりそれはわれわれの自力のみによって可能なわけではなく、また逆に、人間的自由を廃棄したような「一方的な天下りの恵み」によるものでもない。従って、ここにおいてもまた（本章で扱った他の主題においてと同様）、われわれはおのずと「ロゴス・キリストの神的エネルゲイア・プネウマ（ないし神人的エネルゲイア）の現前」という「現実以上の現実」（神秘）の前に立たされることになろう。（そうした神秘に与りゆくことのさらなる根拠については、次章で、「キリストの十字架と復活」（の働き）の象徴的かつ哲学的意味を問うことによって吟味してゆく。）

神的ロゴスとの結合　魂・人間を通した「神の顕現」

さてそこで、「愛による諸々のアレテーの結合」という問題の広がりを見定めておくために、先の引用文に続く文章について言及しておく。まず「感覚のロゴス化」および「神的ロゴスとの魂の結合」に関して、証聖者マクシモスは次のように語っている。

> 魂は自らの根拠たる神的ロゴスによって、知恵ある仕方で動かされかつ働くとき……感覚物のうちなるロゴスを霊的に自らに適合させて感覚物を捉え……また感覚そのものをロゴス化されたものとして捉える。……つまり魂は、自らの諸々の力を適用してそれらを諸々のアレテー（善きかたち、徳）に結合し（形成し）……さらにはアレテーを通して、それらのうちなるより神的な諸々のロゴス（言葉、根拠）に魂自身を結合するのである。（『難問集』一二四九B―C、邦訳一三九頁）

これによれば、諸々の感覚的なものも感覚も本来のあるべき姿としては、魂とのより善き結合に、そしてつまりアレテーの形成に開かれている。それは「創造の神的な意図」とも言われるが、そうした定めが現に生成・顕現してくるためには、魂・人間の働き・わざが必要なのである。その際、魂は、自らの「根拠＝目的」なる神的ロゴスによって（あるいは神の愛によって）動かされるとき、自らのアレテーの形成を通して、感覚的・身体的なものを含め、すべての存在物の「より善き交流・結合」のために不可欠の役割を果たすのである。

そして、既述のようにアレテーとは、「身体化された神」という意味合いを有する。それゆえ、とりわけ「諸々のアレテーの統合」としての愛（アガペー）は、ある意味で「神の生成・顕現してきた姿」である。そしてさらに、愛は、万物の神化（神的生命への与り）という事態の中心的場面に関わっているのである。

ところで、魂の諸力として気概や欲望は、知性（ヌース）ないしロゴス的力に支えられるなら、魂・人間のアレテー（善きかたち）の形成へと変容し再形成されるという。このことは、プラトン以来のいわゆる「魂の三部分説」の変容・展開に関わるが、基本的には次のように捉えられている。

観想的な知性（ヌース）が〔創造の〕原型に即したものになるとき……気概と欲望を自由なものとする。すなわち知性は、神的な愛に伴うような、汚れなき快楽と純粋な没我へと気概を変容させ、他方、霊的な熱心さ、つねに働く飛躍、そして節度ある狂気へと欲望を変容させてゆくのである。（『神学と受肉の摂理とについて』V・五四、『フィロカリア』III所収）

欲望と気概という力をロゴスに服属させている人は、次のことを見出す。すなわち、一方で欲望は、恵みにおいて魂が神的なものに汚れなく結合しているような快楽となっている。他方、気概は、神的なもののうちに快楽を守るような純粋な熱情となり……諸々の存在物から魂を離脱させるような健全な狂気となっているのである。（同、Ⅴ・五六）

これは簡潔に言えば、欲望が「神的な快楽となりうること」、また気概が「善き没我・離脱へと向かう狂気となりうること」を示している。もちろんそれは、現実には容易なことではないが、基本的動向がそのように捉えられたことには、人間的自然・本性の可能性を考える上で小さからぬ意味が存する。詳細は省くが、そこでは欲望的力や気概的力は、単にロゴス（言語、知性）的力に服属しているだけのものではない。かえってそれらは、もし謙遜な心ないし意志の働きのもとで、さらにロゴス的力に支えられるなら、今度は人間本性のより善き変容・再生（再形成）のために、それぞれに積極的な役割を果たすものとなろう。

そのようなとき、既述のように、感覚的・身体的なものがより善く適合した仕方で魂と結合し、相俟ってアレテーの形成に与ることになろう。（そして思うに、古来の師父や教父たちにおける凄まじいまでの修道・修行の生は、恐らくはひとえに、諸々の悪しき情念の、そして欲望や気概の「より善き変容、再形成のドラマ」を身をもって実践してゆこうとしたものであった。）従ってそのことには、古代ギリシア哲学の伝統に比して、「身体的なもの・質料的なものの復権」という性格が存するのである。(18)

教父的伝統にあって、今一つ特徴的なことは、ロゴス的・知性的な力もまた、一度び打ち砕かれなければならないということである。知性（ヌース）というものは、往々にして悪しき方向に傾き、由々しい傲り（傲慢）に陥ってしまうからである。それゆえ証聖者マクシモスは、魂の三部分的力の全体としてあるべき姿について、端的に次のように語っている。

魂の気概的力を愛によって帯せよ。欲望的力を自省によって弱めよ。そして、ロゴス的力に祈りによって翼を与えよ。かくして、知性（ヌース）の光は決して暗くされることがないであろう。（『愛についての四百の断章』Ⅳ・八〇、『フィロカリア』Ⅲ所収）

神は、「神への愛として」顕現してくる

もとより、魂・人間のそうした本来的姿の成立には、「神への意志的背反」（罪）が何らかの仕方で否定され浄化されるという契機が、不可欠の媒介として働いていること、これまでも指摘した通りである。ただ、ここではそのことを確認するに留め、「魂を通した神の顕現」を端的に語る文章を挙げておこう。

諸々のアレテー（善きかたち）のより神的なロゴスは、自らのうちに隠された霊的な知性（ヌース）に魂を結合する。……そうした霊的な知性は、いっそう神的なロゴスに帰属しており、その保持する魂の「現存するものへの自然・本性的かつ自由・意志的な状態（関わり）」のすべてを促し……その全体を全体としての神に委ねる。そこで神は、全体として魂を捉え、魂に本来結合している身体とともに、類比的にそれらを神自身に似たものにさせるであろう。かくして、魂（と身体との）全体を通して神の全体が、何ら限定されぬ仕方で顕現しうることになる。（『難問集』一二四九C—D、邦訳二四〇頁）

これによれば、魂と身体全体のアレテー（善きかたち）として、神がこの世界にいわば生成・顕現しうる。（ただし、神が「諸々の存在物の何かにそれ自体として（ウーシアとして）現出するなどということは、決してない」のだが。）その際、神の顕現は、魂が「神的ロゴスのうちなる霊的な知性（ヌース）」に結合することによって生起するという。

そうした洞察に呼応しているのは、恐らく、「神は神への愛として顕現してくる」という事柄である。なぜなら、もし、魂・人間が自らのすべてをもって（全身全霊で）神を愛するなら、引用文にあるような「ロゴスのうちなる霊的な知性（ヌース）との結合」が、自己において生起してくると考えられるからである。そして、簡明に言うとすれば、見えざる無限の神（神性・善性）は、「真実の人間として」、あるいは「どこまでも神を志向し愛しゆく人間の生そのものとして」、この有限な歴史的世界に生成・顕現してくるであろう。

右のことは、「神の世界創造とその目的」といういささか大仰な問題に通じ、それに対する一つの基本的視点ともなる。

そこで次に、創造と再創造ということについてやや大局的に語られた文脈を取り上げる。もとより問題のむずかしさは、何らか対象化された構図（把握）に存するのではなく、むしろ、その根底に潜む「神的エネルゲイア・プネウマの現前」に対して、ほかならぬ「わたし・自己」が——とりわけ「他者との関わり」という身近な場面で——、いかにして「善く」意志し応答しうるのかということに存しよう。以下においては、まず「創造と人間の分・役割」についてテキストに即して少しく見定め、そこでの問題点を窺っておきたい。

六　創造と再創造をめぐって——創造における人間の役割

自然・本性的紐帯としての人間

証聖者マクシモスによれば、人間は神による創造のわざの最後に登場した者として（創世記一・二六）、他のすべての存在物を己れのうちで結合し、一性にもたらす役割を与えられている。その意味で人間は、「自然・本性的な何らかの紐帯」だとされている。そして次に引用する文章は、「創造と再創造」あるいはむしろ「創造の持続と展開」と、「そこにおける人間の役割（分、運命）」とを、いみじくも集約的な仕方で語り出すものであった。

> 人間はすべてのものに対して全体を何らか集約し統べるような働きを為し、またすべての〔存在物の〕異なり（分割）に即して、それらの両極を自然・本性的に媒介する。つまり人間は、自ら〔の働き〕を通して諸々の存在物のうちに入り込み、それらの生成に善き仕方で関わりゆく。というのも人間は、すべての異なりの両極におのずと関係しているので、それらの媒介（中間）としてあり……両極に対する固有性に即して、すべてのものを結合・一性にもたらす力を有しているからである。
>
> そうした力によってこそ、それら分割されたものを原因（根拠）に即して完成する道（方式）が可能となり、神的な目的の偉大な神秘がそれ自身としてあらわに顕現してくる。そしてその力は、諸々の実体（ウーシア）におけるそれぞれの極に調和ある仕方で関わって、より近いものからより遠いものへ、またより悪しきものからより善きものへと順々に上方へと前進させ、ついには神において結合・一性を成就させてゆくの

だ。このために人間は、諸々の被造物の最後に生ぜしめられ、自然・本性的な何らかの紐帯として、固有の諸部分を通して普遍的な極を媒介する。そして、大きな隔たりによって互いに自然・本性的に分かれているものを、自らにおいて一に導いてゆくのである。（『難問集』一三〇五B—C、邦訳三〇二—三〇三頁）

この文中、「異なり」（分割）とあるのは以下に示す五つである。それらは、「すべて生成するもの（被造物）の実際の姿（ヒュポスタシス、個的現実）」として語り伝えられてきたものだという（同、一三〇四C）。そして、人間は「自然・本性的紐帯」として、それらの異なりを新たに結合し一性にもたらす役割（分・運命）を有しているとされている。本書はその階梯を詳しく扱うものではないが、論の広がりを視野に入れておくために、五つの異なりを簡単に列挙しておこう。

（i）「創られざる自然・本性（ピュシス）」と「創られた自然・本性」、つまり神と被造物

（ii）創造によって神から「在ること」を受け取ったすべての自然・本性における、「思惟されるもの（可知的なもの）」と「感覚されるもの」

（iii）感覚的な自然・本性的事物における「天と地」

（iv）地における「楽園（パラダイス）と人の住む世」

（v）人間における「男性と女性」（『難問集』一三〇五A—B、邦訳三〇一—三〇二頁）

既述のように人間は「自然・本性的な紐帯」として、右のような五つの異なりをそれぞれ結合・一性にもたら

しうるという。そしてそのことに関する論は、一見するところ確かに壮大なものである。しかしそれは、対象化された「存在物間の異なり」が結合されてゆく過程を、いわば単に外側から観察しているような論ではない。というのは、「外的に五つの異なりが結合・一性にもたらされること」と「内的に魂・人間のアレテー（善きかたち、徳）が形成されること」とは、恐らくは通底し密接に関わっているからである。

そこで、人間的自然・本性の重層的な成り立ちと、そのより善き伸展としての「アレテー形成」との意味を、ここでの文脈に即して少しく見定めておこう。

言うまでもなく人間のうちには、無生物、生物、植物そして動物などのさまざまな要素が含まれているが、それらすべてがおのずと結合されて、いわば一つの動的秩序が成り立っている。つまり、微小な細胞や分子はもちろん、静止しているものは何もなく、すべてが動きのうちにあって分散しているように見える。が、実は、人間として生きている限り、全体として一つの動的秩序（平衡）が成り立っている。そしてその際、魂とは既述の通り、単に身体的部分でも諸要素の結合でもなく、かえってそれらを全体として生かしている「働きの名」なのだ。（この点、教父における把握は、物質とその要素の探究を旨とする自然科学の見方とは、次元を異にしている。）

またさらに、人間的生命の「全体として一なる動的秩序」は、決して完結し静止したものになることなく、本来の姿としては無限なるもの（神）にどこまでも開かれている。そしてアレテー（善きかたち、徳）とは、人間にとって所与のものたる「生命の動的秩序」が、「善く在ること」といういっそう高い次元のものに形成された姿なのである。

自然のロゴス化　創造の持続と展開

ところで、ふつうには人間以外の存在物も、それぞれが別箇に独立して存在していると看做されよう。しかし実際には、それらは相互にかつ重層的に関わり合いつつ、いわば全一的な環境世界（ないし生命圏）を形成している。そうした事柄は、環境倫理や生命倫理などの問題として今日さまざまに議論されている。ただ、あえて指摘しておくとすれば、ことの真相を明らかにするためには、限られた学問領域を超え出て、次のような次元の事柄をも同時に吟味してゆくべきであろう。

基本的動向として教父的伝統にあっては、自然・本性的事物（存在物）は、恐らく人間のロゴス的働きを介してロゴス化され、より大きなより善き存在秩序に参与せしめられることを待っている（ローマ八・一八—二三参照）。つまり、それぞれの存在物は固有の形相（エイドス）によって限定されているが、それに留まるものではない。なぜなら、そうした諸形相は一なる神的ロゴスを根拠として、諸事物の生成（創造）とともに与えられているが（ヨハネ一・三）、さらには人間のロゴス的働きを通して、集約的な仕方で神的ロゴスとの関わりへともたらされるからである。[19] そのときそれらは、それぞれに閉ざされた存在様式から解放され、無限なる善（究極の目的、神）へと開かれて、新たに「より大なる（＝より善き）秩序と交わり」のうちに甦らしめられよう。

このように言うと、やや大仰なこととも思われようが、それは内実としては、われわれの身近な出来事として何ほどか生じうることであろう。すなわち、既述のように、アレテー（善きかたち）においては思惟的なものと感覚的なものとがより善き仕方で結合し、しかもそれは本来、「諸々のアレテーの統合としての愛（アガペー）」の成立へと定位されているのである。愛とはまた、「神の名」でもあった（一ヨハネ四・八）。それゆえ、われわれが他者（隣人）との関わりにあって真の愛に多少とも近づくなら、そのことは、神の愛（ないし霊）との出会いとその受容・宿りとを、身をもって証示することになろう。

言い換えれば、われわれが自らのロゴス的力をはじめとして気概的力や欲望的力を、「自然・本性に従った仕方で」、つまり「善く」用いるときには、人と人、人とものとはすべてが相俟って、「存在の現成」ないし「神の顕現」に少しく参与してゆくことになる。そしてそこには、「自然のロゴス化」とも言うべきことが現出している。かくして、以上のような事柄は、まさに「創造の持続と展開」という意味合いを有しているのである。

なぜなら、創造とは（大方の予想に反して）、単に過去の出来事ではなく現に持続しているのであり、しかも人間の自由な意志と行為を通して多少とも担われ、「今、ここに」何ほどか具体化されてゆくと考えられるからだ。してみれば、くだんの「五つの異なりの結合・一体化」などという一見壮大な事柄も、恐らくは身近なこととして、「アレテー（魂・人間の善きかたち）の形成を通して」あるいは「アレテーの形成のうちに」、それぞれの仕方で生成・顕現してくることであろう。

人間の担いゆくべき本来の役割（分・運命）は、ほぼこのように示されよう。そしてテキストにおいては（詳細は措くとして）、右のような観点から、人間の働きを通してくだんの「五つの異なり」がそれぞれに結合・一体化されることが順々に説明されている。

ただそれは、根本的な主題（つまり、「神の受肉と万物の再統合」）が語られるに先立って、いわば呼び水のように、暫定的に見定められたものであった。それゆえ注目しておきたいのは、そうした叙述が為されたとき、むしろそこにおいてこそ、人間のうちに潜む「自然・本性への背反」（罪）が――それは同時に「神への背反」でもあった――、改めてあらわに問題となってくるということである。

自然・本性への、そして神への背反としての罪

証聖者マクシモスは、「存在者における五つの異なり」が、アレテー（徳）ある人間の働きによってそれぞれに結合・一体化される姿を、暫定的にではあるが示した。しかし、そのすぐ後で、実はすべての事柄の根底に潜む困難な問題を凝視して、次のように語っている。それは、「すべての人は罪のもとにある」（ローマ三・九）とされるゆえんを、改めて原初的場面に立ち帰って明らかにしようとするものであった。

> しかし、人間は創られたものとして、自らの〔存在の〕固有の根拠（アルケー）――それをわたしは神と呼ぶ――としての不動なものをめぐって自然・本性的に動かされず、神の下にある諸々のものをめぐって無知ゆえに動かされてしまった。人間はそれらを支配すべく神から定められているのだが、自ら進んで（意志的に）自然・本性に背反して、それらによって動かされたのだ。つまり、生成（創造）（ゲネシス）に際して、人間は本来、「分割された諸々のものを結合・一体化へともたらしうる自然・本性的な力」を与えられていたが、かえってその力を自然・本性に背反して用いて、結合されたものの分離を招来させてしまった。そして、そのことによって憐れにも、「在らぬもの」へとさ迷うような危険をあえて犯してしまったのである。
> （『難問集』一三〇八C、邦訳三〇五頁）

これはむろん、「創世記」第三章のアダム・エバにおけるいわゆる原罪のことである。それは本章の二「存在の次元における罪の問題」にて論じたところであり、ここでは繰り返さないが、端的に言えば、われわれ自身のことである。すなわち、現にある「わたし・自己」は、自由・意志を有する存在者として「悪しく意志する」と

いう「神への意志的背反」（＝罪）の方向にも、その都度の今、つねに晒されている。（文中、「自然・本性に背反すること」は、すべての自然・本性の根拠たる「神に背反すること」でもあり、いずれも罪の本義である。）しかも、そうした「負の可能性」は、各人の「生の状況」、「他者との関わり」における行為・わざを通して、おのずと現実化（身体化）してしまうのである。

言い換えれば、魂・身体の根底に潜む「神への意志的背反」ないし「意志の転倒」の姿から――それは「傲慢」であり、「悪魔の名」であったが――、さまざまの悪しき情念（パトス）が生じ、ひいては悪しき行為、罪の行為ともなる。われわれは誰しも、そうした弱さと罪を抱えており、根本的にはそれから免れていない。それゆえ、「自分の意志する（欲する）善は、これを為さず、意志しない悪を為している」（ローマ七・一九）というパウロの言葉は、時と処とを超え、あらゆる文化的・宗教的伝統の違いを超えて、われわれ自身のものであろうし、またそうでなければなるまい。恐らく、己れの弱さと罪を何ほどか自覚することから、すべての哲学・宗教的な探究の道は始まるし、また終極もそこに存しよう。そしてその後は、虚心に祈りに委ねるほかはないのである。（もとより、そうしたことに直接には触れないさまざまの学的探究はあるが、われわれにとっての真の始まりと終極については、思いを潜めておくべきであろう。）

ともあれわれわれは、「自然・本性（ピュシス）への、そしてその根拠たる神への意志的背反」（罪）という原初的姿から、自力のみによってはいかにしても脱却しえない。受肉したロゴス・キリストによる「恵み」（神的エネルゲイア・プネウマ）の現存が語り出されるのは、まさにそこにおいてであった。そして実際、ここで主題としている「五つの異なりの結合・一体化」ということの成立根拠として、「受肉したキリストの働き（エネルゲイア）」が諄々と語られているのである。

それに関するマクシモスの文章は、次に見るようにまさに透徹したものである。そこで、あらかじめ注意しておくべきは、その表現（把握）が、「キリストの十字架と復活」の働きについての、いわば象徴的かつ哲学的な解釈が為された後で、その土台の上で語られていることである。

神の受肉の意味と目的

証聖者マクシモスは先の引用文において、「自然・本性への、そして神への意志的背反」（罪）の姿を見定めた後、続いて「神の受肉」の意味と目的を次のように語り出している。

> それゆえに、諸々の自然・本性は新たにされることになる。しかし、それは自然・本性を超えた逆説的な仕方においてであって、言うなれば、「自然・本性としては全く動かぬもの」が「自然・本性としては動かされるもの」（人間）の方へと、不動な仕方で自然・本性を超えて動かされる。こうして神は、失われた人間を救うために人間となるのである。
>
> その際、神は、「万物の普遍的な自然・本性の諸断片」と「諸部分にあらかじめ存する普遍的なロゴス（言葉、根拠）」とを、自ら（受肉存在）を通して自然・本性に適った仕方で結合・一体化させた。……そのようにしてキリストは、神と父との偉大な意志をあらわに示して成就させることになる。すなわち、すべてのものは「子において創られた」（コロサイ一・一六）のだが、キリストは「天にあるものと地にあるもの」のすべてを自らのうちに再統合するのである（エフェソ一・一六）。実にキリストは、われわれにおける異なりか

ら始めて、万物の普遍的な結合・一体化を自らのうちに担って、完全な人間となる。……つまり、罪を除いては、われわれのすべてを有しているのだ。（『難問集』一三〇八C―一三〇九A、邦訳三〇五―三〇六頁）

万物の結合・一体化を語るこうした文脈は、確かに壮大なものではあるが、それはひとえに、聖書の証言する「イエス・キリストの姿」を観想することによって語り出されたものであろう。しかもそのことは、使徒たちの「キリストとの出会い」、つまり「神的働き・霊（エネルゲイア・プネウマ）との出会い」の経験に遡るのだ。そして、そうした経験は、単に過去的なものではなく、後世の誰にとっても、同時的かつ同根源的に成立してくると考えられよう。

言い換えれば、万物の統合を語るマクシモスの表現は、受肉した神（ロゴス・キリスト）を主語としたものであるが、その内実としては、神的働き・霊（エネルゲイア・プネウマ）との出会いの中から、「魂・人間のうちなる神の働き・わざ」として見出され、すぐれて言語化されえたものであろう。つまり、外なる存在物の相互の関わりについて語られた表現の根底には、それらの統合を成り立たせる根拠の働きの原初的な経験が、同時的に現存していると思われる。それはともあれ、「くだんの五つの異なり」がキリストによって結合・一体化されてゆく姿が、順々に語り出されている。以下にその道筋をテキストに即して簡潔に述べておこう。

キリストによる「五つの異なり」の結合・一体化

第一にキリスト（受肉した神）は、「男性と女性」における自然・本性の異なりと分離とを取り去った。（そうした異なりがずっと存続することは、必然的ではない。この点パウロは、「キリスト・イエスには男性も女性もない」（ガラテア三・二八）と語っている。）

第二にキリストは、人間に適合した固有の生活様式を通して、「われわれの住む世」を聖化し、死後の「楽園（パラダイス）」への道を開いた。それは、「今日あなたは私とともに楽園にいるであろう」（ルカ二三・四三）と、イエスが（十字架上で）盗人に告げている通りである。それゆえ、キリストにあっては「われわれの住む世と楽園との異なりはもはや存在しない。そのことをキリストは、死者からの復活の後に弟子たちに明らかにしている。

第三にキリストは、天に昇ることによって（ルカ二四・五一、同、一・一一）「天と地」とを結合・一体化させた。われわれと同じ自然・本性で同一実体なる地上的身体をもって、天に入ったからである。そして感覚された自然・本性が、それ自体として最も普遍的なロゴスと一つになっていることを示した。すなわちキリストは、天と地とを分けている分離の特徴を自らのうちで蔽い隠したのである。

第四にキリストは、魂と身体とをもって、つまり完全にわれわれの自然・本性をもって、天の神的かつ思惟的なすべての秩序を通して、「感覚的なものと思惟的なもの」とを結合・一体化させた。そのときすべての被造物は、最も根源的で普遍的なロゴス（キリスト）に、つまりそれ自身として全く不分割で確固たるロゴスに集約されることになる（エフェソ一・一〇、ヘブライ一・一〇など）。

第五にキリストは、最後に人間の知（思惟）に即して神自身に達する。われわれのために、父なる神の面前に人間として現れる。しかしロゴスとしては、決して父から切り離されえない。すなわちキリストは、自らが神としてあらかじめ定めたすべてのものを（コロサイ一・一五―一七）、人間として、変わることなき聴従に即した（ローマ五・一九、フィリピ二・八）「わざと真理とによって」成就した。こうしてキリストは、父なる神のすべての意志をわれわれのために完成したのである。（だがわれわれは、そのためにはじめから与えられていた力を誤用するこ、と、に、よ、っ、て、それを無益なものにしてしまっていたのである。）[20]（以上は、『難問集』一三〇九A―Dによる。邦訳三〇六―三〇八頁による。）

こうした一連の解釈は、言うまでもなく、聖書の全文脈に深く依拠したものであるとともに、本書の第二章で取り上げたマクシモス自身の「ロゴス・キリスト論」を土台として展開されている。そこで、改めて注意しておきたいのは、それが、パウロに一つの典型を見る「キリストとの霊的出会い」という原初的かつ根源的経験に根差し、そこから見出され言語化されてきたということである。そしてそうした経験は、むろん人ごとではなく、時代、民族、場所などの異なりを超えて同時に、何ほどかわれわれ自身の経験でありうるし、またそうでなければなるまい。もとより、彼我の内的境位は余りに大きく隔たっているであろう。しかし、本来は最も切実な問題場面（根拠たる存在との出会い）の局外に自分を置いたままで、いたずらに客観的な第三者的な場から問題を捉えるという仕方では、「キリスト教の、そしてキリストとの出会い」の中心的位相に論として関与してゆくことはできないであろう。

では、右の文脈中の「キリストという主語」は、そして「受肉したロゴス・キリストの働き・霊（エネルゲイア・プネウマ）」は、いかにしてわれわれの魂と意志のうちに現前し、適合して働きうるのであろうか。つまり、「神的働きと人間的自由の働きとの協働」という事態の内実が問われるのだ。そのように改めて素朴に問うゆえんは、もしわれわれが使徒たちの「キリストとの出会い」の生きた姿を問い、ロゴス・キリストの働き（エネルゲイア）の現存を自らの道として歩んでゆこうとするのなら、いわばキリストを主役とした舞台上の「創造と再創造の壮大なドラマ」を、いわば傍観者のように観客席から眺めているわけにはいかないからである。[21]

してみれば、ここにおいてわれわれは、新たな探究の前に立たされることになる。すなわちそれは、「受肉したロゴス・キリストの受難（十字架）と復活」という事態に関わるのだが、今やその問題に愛智（＝哲学）として正面から向き合ってゆくべきであろう。そしてその問題は、真相としては恐らく、人間探究の最も普遍的な位相に、あるいは「意志論の最前線」に関わっているのである。

第四章　ロゴス・キリストの十字架と復活

——神への道行きの内的根拠をめぐって——

前章では、人間的自然・本性の開花・成就の道（つまり人間の神への道）における諸々の主題について、その基本的な意味と射程を簡潔な仕方で明らかにした。そこで扱った事柄は、今一度挙げれば次の通りである。

一　「善く在ること」ないし「善きかたち」の成立と神的エネルゲイア・プネウマの現存
二　存在の次元における罪の問題——存在（神の名）の生成・顕現に逆説的に関わるもの
三　情念と自己変容——否定・浄化の道行き
四　身体ないし身体性の問題——魂と身体との同時的生成
五　愛による諸々のアレテーの統合——神の顕現のかたち
六　創造と再創造をめぐって——創造における人間の役割

これらのことはすべて通底しており、全体として一つの主題に収斂してゆくと思われる。それは改めて言えば、「人間本性の開花・成就」であり、「万物の創造と再創造、そしてそうした歴史における人間の役割（分・運命）」であろう。

こうした主題は確かに、旧・新約聖書と教父との伝統に特徴的なものであるが、通俗的かつ一見学的なキリスト教把握を後にして、問題の真相を問いたずねてゆくときは、およそ人間にとって普遍的なものとして現出してくる。そしてとくに注目すべきは、右に挙げた六つの事柄の根底には、「ロゴス・キリストの働き（エネルゲイア）」がそれぞれの問題位相において、根拠の働きとして現前しているということである。

そこで本章においては、ロゴス・キリストの働き（神的エネルゲイア・プネウマないし神人的エネルゲイア）がこの時間的世界、この身に生成・顕現してくる機微を、いささか問い披いてゆきたい。その際、これまでの論述においてはあえて封印していたのだが、受肉したロゴス・キリストの「十字架と復活」という事態を、前章において見定めた各々の問題の中心的位相に関わることとして、またつまりは愛智の道行き（＝哲学）の普遍的な問題として吟味してゆく。そして、それはもとより、東方教父の伝統、とりわけ証聖者マクシモスにあって中心的主題たる「神化（神的生命への与り）の道」に、密接に関わっているのである。

一　キリストとの原初的出会いの場に

キリストの復活とその証言の意味

もしキリストが復活しなかったなら、わたしの宣教は空しく、あなたたちの信仰も空しい。（一コリント一五・一四）

このようにパウロは、キリストの復活（アナスタシス）こそがキリスト教の真の礎・土台であることを決然と語っている。そうした確信は周知のように、ダマスコの門での劇的な回心（つまり天からの光の体験）に支えられていたものであろう（使徒九・一―八）。しかし他方、「復活の信仰告白」は、ペトロやヤコブなど最初期の使徒たちからの伝承として受け継がれてきたものであった。実際パウロも、「最も大切なこととしてわたしがあなたたちに伝えたのは、わたしも受けたものだ」（一コリント一五・三）と述べている。すなわち、キリストの復活（甦り）についてのいわば原信仰告白は、イエス・キリストに現に出会い、生活を共にした使徒たちをはじめとする人々によるものであるが、それはもとよりイエス・キリスト自身の「復活の出来事」に淵源する。

しかしそれにしても、キリストの復活とは、いわゆる客体的事実のようなものではなかった。福音書の言葉にしても、キリストの復活そのものを外なる事実だと主張しているのではない。また、十字架につけられたイエス・キリストを使徒たちが埋葬した際、その墓（洞窟）が空になったことが、そのまま復活を事実として証拠立てるわけでもない。(1)

ちなみに、実証性や客観性という今日各分野で重視されることの多い規準は、外なる対象的事柄に関しては有効であるが、「復活とは何か、そして復活の証言とはいかなる原初的経験にもとづいて為されえたのか」というように、問題の真相が問われる場合には、ほとんど力のないものとなろう。客観性というものは、意外と脆弱な基盤の上にしつらえられた仮初の規準なのだ。というのは、そこにあっては多分に通俗的な時間把握が前提され、また「わたし・自己の真の成立」も「存在と善をめぐる根本的問題」も、はじめから探究の局外に放置されているからである。

では、「キリストの復活」という未曽有の出来事が証言されたとき、使徒たちのうちで何が生じたのか。いかなる確かな経験から復活が語られえたのか。それは第一章ですでに述べたように、彼らに「生の根底的変容」が生じたことによるであろうが、一体何がそうした変容・再生をもたらしえたのか。そこで、改めて注目すべきは、それは単に人間的な働き・力によるだけではなく、神的かつ人間的な「神人的働き、つまり神人的エネルゲイア」によるであろうということである。そして、とくに思いを潜めておくべきは、そうした「神人的エネルゲイアを能う限り受容し宿した経験」が、その神人的エネルゲイアの生じ来たった当の主体（源）たる「神人性存在」（ロゴスの受肉した存在）の現存を、遥かに証ししていることである。つまり、「神人性存在たるロゴス・キリスト」のウーシア（実体・本質）は知られざる無限なるものであるが、そのエネルゲイアの経験は確かな現実（いわばヒュポスタシス）として生起していたのである。(2)

してみれば、「使徒たちの真実」（つまりは「人間の真実」）が、その成立根拠としての「キリストの真実」を証示し指し示しているであろう。言い換えれば、新約聖書は確かにイエス・キリストの言葉とわざ・行為をさまざまに語っているが、同時にまた、その内実としては、「キリストとの出会い」によって現出した「生の根底的変容」、「新しい人の誕生」を告げているのだ（ガラテア六・一五、エフェソ二・一五、同、四・二四）。それはまた、パウロが次のように決然と語っている通りである。

> もし人がキリストにおいてあるなら、新しく創られた者（新しい被造物）である。古いものは過ぎ去り、見よ、新しいものが生じた。（二コリント五・一七）

ただ、こうした言葉には、さらに注意すべきことが隠されている。パウロは一般的な表現で語っているが、その実それは、パウロ自身の切実な経験であったであろう。すなわち、先述の「わたしのうちでキリストが生きている」（ガラテア二・二〇）という典型的な言葉で示された個人的経験が、右の引用文では神とキリストを隠れた主語として（われわれの側では受身形で）一般化して語られている。

というのは、いわば「自我の砦」が突破されるかのような根源的経験は――それは、たとえば道元の言う「身心脱落」の経験であろうが――、「わたし・自己」の経験でありつつ、そのうちには出来事の根拠（真の主体）として「キリスト」が働いているからだ。言い換えれば、「神の子キリストの名」がわれわれの「うちなる真実」として、あるいは自らの本性に何らか適合した「働き（エネルゲイア）の名」として発語されてくるのは、原初的出会いの経験の中からであろう。これは平たく言えば、弱さと罪の自覚のうちにこそ、神の霊（プネウマ）、神の恵みが注ぎ込まれ、真に語り出されるということでもあろう。これについて、パウロはたとえば次のように言っている。

主は「わたしの恵みはあなたに十分である。なぜなら、力は弱さのうちにおいてこそ全うされるからだ」とわたしに語った。それゆえ、キリストの力がわたしを覆う（わたしに宿る）ために、むしろ大いに喜んで、わたしは自らの弱さを誇ろう。（二コリント一二・九）

十字架の死をも超えた「真の生命の働き」の現前

さて、使徒たちの（そして後世の幾多の人々の）「キリストとの原初的出会い」の場面に立ち帰って、そこに現前していたのは何なのかを改めて問うてゆく。それは端的に言うなら、十字架の死をも克服し無化しえたような「真の生命の働き（エネルゲイア）」であろう。すなわち、それはまさに「神的生命のエネルゲイア」と呼ぶにふさわしいものであった。そして、そうした働き・力によって新たに生かされてはじめて、使徒たち（つまり生身の人間）における「生の根底的変容」も現に生じえたと考えられよう。このことに関する代表的な表現の一つとして、次のように語られている。

> 信じるわれわれに対して絶大な働きを為す神の力の、何と極めて大いなることか。神はまさにその力をキリストのうちに働かせて、キリストを死者の中から復活させたのである。（エフェソ一・一九―二〇）

ここにおいてわれわれは、「ロゴスのうちに生命があった」（ヨハネ一・四）という「ヨハネ福音書」の言葉と、「わたしのうちでキリストが生きている」（ガラテア二・二〇）というパウロの言葉（またパウロ書簡中の諸々の言葉）とが、根底において不思議に呼応していることを窺い知ることができよう。この点パウロは、実際こうも言っている。

> われわれはつねにイエスの死を、自らの身体に負って歩んでいる。イエスの生命がわれわれの身体に現れるためである。すなわち、われわれ生きている者は、イエスのゆえに死へと引き渡されているが、それは、イエスの生命もまた、われわれの死すべき肉のうちに現れるためである。（二コリント四・一〇―一一）

そこで改めて思うに、「受肉したロゴス・キリスト」の働き・霊（エネルゲイア・プネウマ）がパウロならパウロに現前して働き、その古い自我を打ち砕いて新しい生命に甦らせた。とすれば、それは、「復活（甦り）」ということの、人間にとっての最初の現れ・顕現でもあろう。なぜなら、「すべての人が罪のもとにある」（ローマ三・九）のであってみれば、「罪（＝死性）から生命への上昇」（生の根底的変容）は、復活（立ち上りないし甦り）（アナスタシス）の意味を有するからである。従って、次のことをとにかくも確認しておこう。すなわち、使徒たちの（つまり、可能性としてすべての人間の）「生の根底的変容・再生」という事態を離れて、単に客体的出来事であるかのように「キリストの復活」を言挙げすることは、問題の中心的位相を見過ごすことになるであろう。実際のところ、「キリストの復活の証言」と「使徒たちにおける生の根底的変容」とは、そうした経験の内実として密接に結びついているのである。(3)

とすれば、本来は、両者を分離して独立の問題領域にあると看做してはなるまい。そしてこのことは、信・信仰というものの根本的な意味に関わっている。それはまた、次に見るように、一般に「行為成立の構造」という問題でもある。

行為の構造　超越的な善への応答のかたち

信（ピスティス）とは古来、「探究の端緒」と捉えられてきた。ここに注目しておくべきは、われわれにとって真に意味のある探究が発動してきたとき、その端緒（原因）には終極（目的）も何らか現前し、姿を現しているということである。このことは、信の成立そのものの構造ないし意味射程を捉えようとする際、小さからぬ意味を有する。そしてそれは、一般に行為の成立の基本構造に関わっているのである。そこでまず、そのことについて要となることのみ簡潔に見定めておこう。

一つの例として、喉が渇いて「水が飲みたい」と欲求し意志したとする。そのようなとき、欲求されている目的（終極）は水であるとともに、より正確には、「渇き（欠如）が充足されること」である。（この点、プラトン『プレボス』に指摘されている。）その際、欠如の「充足」という語は、ギリシア語では「完成」、「善」という意味合いを有する。それゆえ、現に水を飲んで「渇きが癒された」ときには、「充足」、「完成」、そして「善」というものが、限定された一つの行為においてであれ、とにかくも現出していると言えよう。つまり、行為の端緒（発動）にあって「渇きが充足されること」が欲求されたが、その行為が現に為されたときには、それが現実のものとなったのだ。それゆえ、行為の端緒と終極（目的）とは、「充足」、「完成」、そして「善（善いもの）」というかたち（意味合い）を有しており、形相（本質的かたち）としては同一なのである。

もとより、行為が未だ実現していないのと実現したのとでは、実際には大きな違いがある。しかし注目すべきは、一般的に言って、行為の端緒（原因）と終極（目的）とが形相的には同一だということである。なぜなら、端緒にも終極にも、「善（充足、完成）」という意味が色濃く関わっているからだ。言い換えれば、人間のロゴス的かつ意志的な行為は、形相的に「原因＝目的」という、ある種の自己還帰的構造のうちに成立しているのである。そしてこのことは、およそ行為の成立根拠を問題にする際、大きな意味を有することになる。

そこで、ある一つの行為が「何のために」、つまり「何を目的として」為されたのかと問うとする。常識的には、一つの目的が捉えられて、いちおう話が済むであろう。しかし、さらにその目的の目的が次々と問われるなら、そこにはある種の難問（アポリア）が潜んでいることに気付かされよう。すなわち、目的のまた目的がどこまでも問われるとき、そうした目的系列はいわば限りなく遡行してゆくかのように見える。が、それは背理と言うべきであろう。なぜなら、もしそのように目的系列が無際限に遡行して収拾がつかないのなら、はじめのたった一つの目的行為すら成立しないということになるからである。

とすれば、ここに行為の成立根拠として、目的系列そのものを超えた終極目的が、はじめの行為にも目的系列のうちのいかなる行為にも、その都度つねに現前し働いていなければなるまい。つまり、終極目的は有限な目的系列の中のどれかなのではなく、具体的な系統そのものを超えた無限なものなのだ。

言い換えれば、終極目的とは超越的な善そのもの（神の名）でもあろう。そしてそれは、すべて人間の自由な意志的行為の根底に、成立根拠としてつねに現前し働いていると考えられよう。これは「善の超越性」の問題であり、古来、難問の最たるものであった。

行為の基本的構造については、大略、右のように捉えられよう。本書ではその詳細は措くとして、とりわけ重要な一点について次に確認しておくことにしたい。

具体的な個々の行為が——それはとにかくも「目的」であり「善いもの」（欠如の「充足」、「完成」）でもあるが——欲求され意志されるとき、注目すべきは、それが「無限なる善そのもの」（終極目的）に対する応答として、あるいはそれを介して為されているということである。日常的にはそのようなことを意識していないとしても、行為成立の構造からしてそう言えよう。すなわち、個々の行為は、確かに一連の目的系列のうちに成立しているが、それらは、先述の「善そのもの」（終極目的）にいわば超越的な仕方で定位されている。してみれば、何であれそれぞれの行為は、ある意味で「善そのもの」に対する意志的応答を介して、この時間的世界に現出してくるのである。

しかし、個々の行為のかたち（形相）が、そのまま「善そのもの」に対する応答のかたちを表しているのではない。むしろ正確には、目の前のほんの小さな行為・わざも「終極目的としての善に対する意志的応答のかたち」を宿す「場」であり「身体」なのである。しかし他方、「善への（つまり神への）意志的応答のかたち」は、外なる行為のかたちを超えており、神によってのみ知られていると言うべきであろう。

ところで、こうした事柄と内的に呼応しているものとして、たとえば次のような聖書の言葉が想起される。

わたし（イエス・キリスト）の兄弟なるこれらの小さい者の一人に為したことは、わたしに為したことである。（マタイ二五・四〇、同、一〇・四〇―四二）

してみれば、すべて他者との関わりは、同時にまた、「いわば絶対他者としての神との関わり」を、つまり「神への意志的応答（聴従）のかたち」を何らか宿し、映し出していることになろう。それは恐らく、「行為の構造」の真相であり、さらには人間という存在者の根本的な意味・志向に関わっているのである。が、その点については、次の第五章で改めて吟味してゆくことにしたい。

二　復活の内的経験を問い抜く――神的エネルゲイア・プネウマないし神人的エネルゲイアの現存

信の原初的かたち　われわれのうちなる「神の復活」

そこで元の文脈に戻って、探究の端緒としての信・信仰について考察を進めてゆこう。まず、証聖者マクシモスにおける「信」の把握として、根本的表現を一つ挙げておく。

信（ピスティス）とは、われわれの無知によって殺された神の「われわれのうちなる最初の復活」である。そしてそうした信は、諸々の掟のわざによって美しく飾られるのである。（『神学と受肉の摂理とについて』Ⅳ・七〇、『フィロカリア』Ⅲ所収）

ここにいみじくも語られているように、信とは、「神の最初の復活」だという。この言葉は、パウロの言う「霊の初穂」（ローマ八・二三）という言葉と対応しているであろう。実際、以下において取り上げる証聖者マクシモスの文脈は、とりわけパウロ書簡および「ヨハネ福音書」などの重要な言葉に深く依拠し、それらに対するいわば象徴的かつ哲学的な解釈として提示されているのである。

ともあれ、右の引用文と同じ箇所では、次のようにも語られている。すなわち、信にもとづくものとして「われわれのうちなる神的な復活・再生（アナスタシス）のロゴス（言葉、知）は、神的な賜物ないし知の第一の実りである」という。こうした表現は、信・信仰や復活などについての大方の先入見や偏見に対して、一つの反省を促すものとなろう。

というのは、その一文によれば、「神の子キリストの復活（甦り）」とは、単にわれわれの外なる客体的出来事ではなく、恐らく真相としては、われわれのうちなる「信のかたちの成立」と通底しているからである。そのことをないがしろにしたまま対象化して「それ（復活なら復活）を知っている」と思ってはならないであろう。そうした「対象化のわな」は、今日もわれわれのうちにつねに潜んでおり、誰しもそれから完全に免れてはいない。

既述のように信とは、ロゴス・キリストの神的エネルゲイア・プネウマ（ないし神人的エネルゲイア）を受容し宿した「魂・人間のかたち」であろう。証聖者マクシモスはそれをしも、われわれのうちなる「神の最初の復活」と捉え直しているのである。そしてこのことは、「信とは希望されたものの顕現したかたち（ヒュポスタシス）だ」（ヘブライ一一・一）という言葉とも呼応している。かくして、その名に値する信とは、実体・本質（ウーシア）としては知られざる神が、この世界、この身に何らか顕現し身体化してきた姿だと言えよう。

ところで、「ロゴスの受肉」（ヨハネ一・一四）たるイエス・キリストは、多くの神的な言葉を発し奇蹟のわざを為した。しかしついには、受難して十字架につけられた。それゆえキリストは、第二章で見たように、「受難を蒙りつつも真に神であったし、〔神的な〕奇蹟を行いつつも真に人間であった」（『難問集』一〇四五A、邦訳一八頁）とされる。言い換えれば、ロゴスは「神的に受難し、肉（人間本性）を通して人間的に奇蹟のわざを為したのである」（同、一〇五六A—B、邦訳三〇頁）。

してみれば、ロゴス・キリストにおいては、神性と人性、神的働き（エネルゲイア）と人間的働きとが不可思議に交流し、神人的エネルゲイアが働き出すのだ。そしてそれは、十字架の死をも凌駕して使徒たちに現前した「神的生命のエネルゲイア」でもあろう。すなわち、「ロゴスのうちなる生命」（ヨハネ一・四）が、新たに十字架の死を否定し克服するエネルゲイアとして使徒たちに現前し、「生の根底的変容」をもたらしたと考えられる。

そうした「ロゴスにおける生命のエネルゲイア」は、十字架による死が「生の否定」であり、それをしも否定し凌駕するものであるので、「否定の否定」という二重否定的働き（力）なのである。従って、「キリストの十字架」とは、その内実として、後の探究に備えてあらかじめ言うなら、「自己否定の範型的エネルゲイア」として、またさらには「神的ロゴスの生命をもたらすもの」として捉えられることになろう。

さて、探究の端緒としての信は本来――つまり悪しき情念と罪（死性）とによって生命を失ってしまわないなら――、己れに閉じて静止することなく、自らの成立根拠たるロゴスとのより大なる（より善き）結合・一体化を愛し求めてゆく。すなわち、真実の信は、いわば自己自身を超えてゆくような脱自的愛として働き出すのだ（ガラテア五・六参照）。そして、そうした信の志向し愛する終極の目的は、「神的ロゴスとの結合」、あるいは「神的エネルゲイア・プネウマの全き受容・宿り」であろう。とすれば、信の端緒と目的（終極）とは、われわれにとってはむろん大きな落差があるが、形相的には同一だと言えよう。

ここに、論の指針として押えておきたいのは次のことである。信とは、根拠たる神（ロゴス）への道行きにおいて「探究の端緒（はじめ）」であるとともに、「探究の第一の対象」でもある。すなわち、探究の中心的場面に関しては、信・信仰を有して、次に何か他のもの、他のことを探究してゆけばよいというものではない。なぜなら、信が「神的エネルゲイア・プネウマの、あるいは神人的エネルゲイアの受容・宿り」である限りで、信のかたちそのものの探究は、同時にまた「神の探究」、「ロゴス・キリストの探究」となりうるからである。

従って、われわれは誰しも、「信の原初的成立の場」に、つまり「ロゴス・キリストの働きとの出会い（カイロス）」という使徒的経験そのものに、その都度新たに立ち帰って、わたし・自己の成立の根底を見つめてゆくべきであろう。[4] この意味では、「信仰は恵みによって与えられたもの」などとうそぶく余り、信仰や恵みなるものを自己の外にいたずらに対象化し、祭り上げてはならないのである。

信とは「復活」の原初的かたち

そこで改めて、「信というものは、十字架に死んだ神のわれわれのうちなる最初の復活だ」とされていることの意味射程を、なおも少しく見定めておこう。

ふつう「イエス・キリストの復活・甦り」とは、十字架につけられて死を蒙ったキリスト自身のことと看做される。それはそれとして、とにかくも受けとめておいてよい。しかし、今一歩踏み込んで真相を問い求めようとするとき、証聖者マクシモスの先述の言葉が注目されよう。それは、「信とは、殺された神のわれわれのうちなる最初の復活だ」という表現である。そして、そのような「信のかたち」は、原初的な場面としては、十字架の死を超えて現前した神の働き（神人的エネルゲイア）によってもたらされたと言えよう。このことに関して、聖書にはたとえば次のように語られている。

> キリストのうちには神性が身体的に宿っている。……あなたたちは洗礼においてキリストとともに葬られたのだが、また、そのキリストにおいて（よって）ともに復活させられたのだ。それは、キリストを死人の中から復活させた神の働きの信による。……あなたたちは〔かつては〕罪過のうちにあって死んでいたのだが、神はそのあなたたちをキリストとともに生きさせたのである。（コロサイ二・一二―一三）

この文中、「神の働きの信による」とある。これは一つの例であるが、パウロ書簡中の「信（ピスティス）」の意味合いはなかなか微妙であり、次の三にてマクシモスの文脈に即して吟味することにしたい。あらかじめ言うなら、「キリスト自身の持つ信」（父なる神への聴従）と「そのキリストに対するわれわれの信」という、いわば次元を異にする二つの信が、重層的に関わっているのである。

その点は措くとして、ここではさしあたり、次のことをとにかくも確認しておこう。先の一文によれば、「神の働きの信によって」、われわれの復活（甦り）が生起しうるという。それは、キリストにおける（キリストによる）新たな生であろう。そして、「ロゴス・キリストの働きの受容・宿り」としての信は、復活などという未曽有の事態が、そこから語り出される当の「原初的場でありかたち」なのだ。言い換えれば、信というアレテー（魂・人間の善きかたち、徳）は、この時間的世界における「ロゴス・キリストの新たな生成・顕現」であり、ある種の復活（甦り）という意味を有しているのである。

しかし他方、神人的エネルゲイアの生じる主体（源泉）たる「受肉したロゴス・キリスト」は、「その顕現の後にも隠されている」（『難問集』、一〇四九A、邦訳二二一頁）。すなわち、その実体・本質（ウーシア）は決して知られえず、無限性そのものと言わざるをえない。この意味では、ロゴス・キリストの名は「実体の名」ではなく、むしろ「働きの名」であって、すべての存在物（被造物）の成立をもたらす「超越的根拠の働き」（いわば造化の妙）を指し示している。（それゆえわれわれは、キリストの名に――それを外なる無縁の対象として捉えて――いたずらに躓く必要はないのである。）

そこでマクシモスは、信・信仰の本来的意味を、さらに次のように説き明かしている。

> 神性（神）は万物の彼方にあり、存在物のいかなるものによっても、いかなる言葉や方式によっても捉えられない。……そして神は、いかなる存在物にとっても全く知られず、ただ信・信仰（ピスティス）を通して（信というかたちで）何らか知られるに過ぎないのだ。（『難問集』一一八五D―一一八八A、邦訳一七〇―一七二頁）

こうした把握は、信・信仰についてややもすれば陥りやすい見方を退けるものとなろう。すなわち信とは、既述のように、無限なる神の、あるいはむしろロゴス・キリストの働き（エネルゲイア）を能う限り受容し宿した「魂・人間のかたち」であって、それ自身が「神の何らかの知」なのだ。それは、この有限な世界に「神の何らか生成・顕現したかたち」でもあろう。「諸々のアレテー（善きかたち、徳）において神がいわば身体化してくる」（『難問集』、一〇三二B、邦訳四頁）とされるゆえんである。

振り返って言えば、キリストとの出会いによって使徒なら使徒に「生の根底的変容」（ある種の甦り）が生じた。そしてそれを成立させたのは、「神的エネルゲイア・プネウマないし神人的エネルゲイアの現前」であり、「意志的聴従によるその受容・宿り」であった。とすれば、その際、神人的エネルゲイアの受容は、「神への意志的背反」としての罪を否定し無化する力として働いたであろう。つまりそこにあっては、「十字架の死をも否定して甦った真の生命」が現前していたと言えよう。それはまた、「ロゴスのうちなる生命」（ヨハネ一・四）の、この時間的世界における顕現・到来でもあると思われる。

ここにおいてわれわれは、「キリストの十字架と復活」という事態に秘められた謎・神秘（現実以上の現実）を、いささかなりとも問い抜くことに改めて促されよう。そしてそれは、「人間的自然・本性の成就と救い」と「神化（神的生命への与り）」との成立根拠を問いゆくことでもある。

三　「キリスト自身の範型的信の働き」と「われわれの信」との内的関わり

十字架と復活との象徴的な意味　神的エネルゲイア・プネウマの経験の同時性

イエス・キリストの復活という出来事は、通常は十字架上の死後に生じたこととして語られる。しかし、「使徒たちにおける新しい生の成立」あるいは「新約聖書全体の証言」に照らしてみれば、キリストの復活についての使徒的経験にもとづいてはじめて、十字架（受難）の根本的意味が開示され、言語化されていったのである。

すでに述べたように、かつてキリストの死後、使徒たちの身に「死をも凌駕するような真の生命のエネルゲイア」が現前し、「生の根底的変容・再生」がもたらされた。それはまさに、「われわれの生命なるキリストの顕現」（コロサイ三・四）でもあろう。そしてさらに、次のように語られている。

> 従って、今やキリスト・イエスに在る人々は罪に定められることがない。なぜなら、キリスト・イエスにおける生命の霊（プネウマ）の法は、あなたを罪と死との法から解放した（自由にした）からである。（ローマ八・一―二）

実にイエスの言として、「わたしは道であり真理であり生命である」（ヨハネ一四・六）とあり、また「真理はあなたたちを自由にするだろう」（同、八・三二）とある。そして、こうした文脈での「わたしは在る」（エゴー・エイミ）という言葉は、教父の伝統においては、かつてシナイ山でモーセに対して「わたしは在る（在らんとする)」と自らの名(神名)を啓示したヤハウェが、イエスの存在として同時的に顕現したことと解されるのである。ところで、使徒たちに新たに生起したのは、わたし・自己と自己の生全体とを捧げゆくような透徹した生であった。しかしそうしたことは、彼らの自力(人間的力)のみでは不可能であったであろう。それゆえ、使徒たちに現前したのは、神的かつ人間的な神人的エネルゲイアであったのだ。そして、そうした神人的エネルゲイアの現前が、その生じ来たる主体(源泉)たる「神人性存在(受肉したロゴス・キリスト)」を——そのウーシアは決して知られえないとしても——遥かに証し指し示しているのである。そこには、「ウーシア(実体・本質)とエネルゲイア(働き・活動)との峻別」という事態が顕著に認められよう。

この間の機微は既述の通りであるが、注意すべきは、それは決して、キリストの受肉や復活といった事柄を人間的経験のうちに解消してしまうなどということではない。かえってそこにおいては、人間の通常の存在基底(いわば自我の砦)が突破されており、そうした原初的経験の根底に働いている「超越的なエネルゲイア」が注視されていたのである。そしてここに、すべてのもの(存在物)の生成(創造)の根拠(原因)たる神的ロゴス(ヨハネ一・三)が、それとの全き結合・一体化を志向してゆくべき終極(目的)として望見されることになる。

さて、そのような原初的かつ使徒的な「神人的エネルゲイアの経験」からこそ、諸々のキリスト教教理、とくに「ロゴスの受肉」(ヨハネ一・一四)や「キリストの十字架による万人の罪の贖いや救い」といった事柄が、使徒たち以来の伝承として語り出されてきたと考えられよう。この点、聖書(とくにパウロ書簡)の代表的表現については後に言及することとし、あらかじめ言うなら、「ロゴス・キリストの受肉」について両極のような「二つの多分に逸脱した把握」があることに注意すべきであろう。

（ⅰ）まず、キリストの復活ということをたとえば単に「逆説的信仰の対象」と看做して、それをいたずらに祭り上げたり、あるいは悪しき仕方で超越化させたりしてはなるまい。なぜなら、そのように逆説的信仰の対象を人間的自由・意志の何ら関与しえぬ「超越の彼方に」祭り上げてしまうときには、有限な身体的存在者たるわれわれに神的エネルゲイア・プネウマが現に働き受容されるための、いわば「うちなる機微、実在的根拠」が、あらわに問題化することなく埋もれたままになるからである。

言い換えれば、既述のように、使徒たちの、そして基本的にはすべての人々の「生の根底的変容」を現に成立させた実在的根拠として、ロゴス・キリストのエネルゲイアが人間的自由の働きとの微妙な協働（シュネルギア）という仕方で、彼らのうちに現前し受容されたであろう。それは、すぐれて「信のかたちの成立」でもあった。が、そうした根源的出会いの経験こそ、キリストの復活などということをいたずらに不合理なものにしてしまわないための、探究の「現場」であり「第一の対象」なのである。

（ⅱ）また他方、「ロゴス・キリストの受肉」や「十字架による万人の贖い、救い」といった教理的な事柄を、生前のイエスの関知しない「後に使徒たちなどの造り出した思想」にしてしまうことは、やはり逸脱であり誤りであろう。この点、昨今の実証的聖書学の類は、いわゆる歴史的イエスに固執するときには、一見謙虚に歴史的資料を分析すると称して、自らの理性による判断に依り頼み、ある種の傲りを抱え込む恐れがある。というのも、そこにあっては、通俗的時間把握が前提となっており、それがより根源的な吟味・探究を妨げる障壁ともなっているからである。

とすれば、そうした通俗的かつ実証的な時間把握を後にしない限り、旧約・新約における「神的エネルゲイア・プネウマとの根源的な出会い（カイロス）の経験」が、たとえばアブラハムにもモーセにも、また使徒たちや後世の人々にも、恐らくは同時的に現存しうる謎・神秘を、はじめから探究の外に放置することになる。そしてその際には、旧約聖書の諸々の言葉と出来事が新約聖書のイエス・キリストの存在に収斂し成就してくるゆえんのものに、すなわち「キリストの復活の証言」や使徒たちの「生の根底的変容」において成立根拠として働いている「神的エネルゲイア・プネウマ」（聖霊の働き）に、素直に耳を傾けることができなくなるであろう。

ところで、右に言及した同時性に関わることとして、証聖者マクシモスはたとえば次のように語っている。

> もし人がメルキセデク（永遠の大祭司、キリストの予表）（創世記一四・一八、ヘブライ五・六など）やアブラハムやモーセになろうと欲し、すべての聖人を自らのうちに移し入れようとするなら……それは聖人たちの生の方式とかたちとを模倣するためである。（『難問集』一一四四A―B、邦訳一二七頁）
>
> 肉と感覚と世〔への執着〕を全く捨て……愛を通して知的に神に近づく人は、もう一人のアブラハムである。（同、一一四五D―一一四八A、邦訳一三一頁）
>
> 〔出エジプトについての霊的・象徴的な解釈として〕はかない朽ちゆくものや富や栄光よりも、アレテー（善きかたち、徳）のために諸々の労苦を自ら進んで択び取る人は……霊的なモーセとなる。（同、一一四九C、邦訳一三四頁）
>
> ダビデは時代としては先述の人々（モーセ、ヨシュアなど）よりも後の人であるが、霊（プネウマ）においては彼らと等しい〔同時的な〕人である（一コリント一〇・一―六参照）。（同、一一二一A、邦訳一〇三頁）

このような一連の洞察からして、一般に次のように言えよう。神の働き・霊（エネルゲイア・プネウマ）は、その名に値するものなら、時代、民族、場所などを超えて「つねに」（永遠に）働いているであろう。しかしそれは、あくまで歴史上の「あるとき」、その都度の今、それを受容する人の「心の抜き、ないし信の測りに従って」生成・顕現し、具体的なかたちで生起してくるのだ。従って、神の働き・霊と出会い、それぞれの仕方でそれを宿した人々は、根源的な出会い（カイロス）の経験を何ほどか同じうする限りで、同時性を帯びてくる。(5)

こうした「つねに」と「あるとき」（永遠と時間）との微妙な関わりを洞察すればこそ、東方・ギリシア教父の伝統の主流を担った教父たち（アレクサンドリアのクレメンス、オリゲネス、ニュッサのグレゴリオスそして証聖者マクシモスなど）は、時代的には大きく隔たった旧約・新約の人々の経験（言葉と出来事）をも、普遍的に人間の「アレテー形成の道」、「神的生命に与りゆく道」に関わるものとして、霊的・象徴的な仕方で解釈しえたのである。

ロゴス・キリストの受肉と十字架と復活　それらを貫く働きの同時的現存

証聖者マクシモスは「ロゴス・キリストの受肉と十字架（受難）と復活」を、ある意味で同時的に現存する事態として一体化して捉え、次のように語っている。それはまことに透徹した集約的表現であるが、われわれの探究の基本的な場と方向とを示しているものとして、はじめに挙げておこう。

もしロゴスがわれわれのために、人間本性の弱さによって十字架につけられ、かつ神の力によって復活せしめられたのなら（二コリント一三・四）、ロゴスは明らかに同じことを、つまり十字架の受難と復活のわざとを、われわれのために今も霊的に為している。それは、われわれすべてを救うためである。（『神学と受肉

の摂理とについて』Ⅱ・二七、『フィロカリア』Ⅲ所収）

そしてさらに、この一文を敷衍するかのように、「人間的自然・本性の開花・成就」と「神化（神的生命への与り）」の道について次のように述べている。それは、「自然・本性（ピュシス）の諸々の法が破られる。そして上なる世界が完成されなければならない」（ナジアンゾスのグレゴリオスの『降誕祭の講話』）という言葉の解釈として語られた文章である。そこにおいては、いわば「神化の範型としてのキリストの姿」がすぐれて指し示されている。

〔神の子〕キリストは、人間〔でもある存在〕として、父なる神に対して「われわれの自然・本性の初穂」（一コリント一五・二〇、ヤコブ一・一八参照）であり、いわば〔人類という〕魂全体の種である。……なぜなら、キリストは罪のみは除いてわれわれのために、またわれわれに即して、変化することなく下方に人間として誕生したからだ。その際、自然・本性の諸々の法を自然・本性を超えて解放した。……そして、このように上なる世界は知者の教えに従って再び完成され、身体における諸々の肢体の頭（キリスト）へとふさわしく集約される（コロサイ一・一八）。……すなわち〔ナジアンゾスのグレゴリオスの言う〕上なる世界（創造の成就ないし神化）は、一方ではキリストにおいて完成されており、他方ではキリストに従う人々において後に再び完成されるであろう。実に、キリストとともに生まれる人々が誕生するとき、彼らはキリストの〔十字架上の〕死との類似によって、彼ら自身の受難（受苦）（パトス）を通してキリストの復活にも現に与るものとなるであろう（エフェソ二・二六、コロサイ二・一二など参照）。（『難問集』一二八〇C―一二八一B、

邦訳二七四—二七五頁）

この文章は、古来の聖書的伝統にあって一つの規範ともなる表現だと思われる。そこで以下、その全体として指し示すところをとりわけキリストの十字架に注目して問いたずねてゆきたい。というのは、十字架はロゴス・キリストの受肉と復活とを結ぶある種の媒介ともなっているが、マクシモスはキリストの十字架の秘儀（神秘）を、単に字義的な意味を超えて、すぐれて霊的かつ象徴的に観想し解き明かしてくれているからである。

ところで、先の文中、神の子キリストは「罪のみは除いて」人間として誕生したとあるが、なぜそのように言えるのであろうか。つまり、キリストが人間本性（人性）の全体を摂取しながら、「すべての人がそのもとにある罪」（ローマ三・九）からは解放されているとは、「キリストとの出会い」のいかなる使徒的経験から見出されたのか。このことはこれまでの論述にすでに含まれているのだが、改めてその要となることを少しく浮彫にしておこう。

「復活したキリストとの出会い」とは、単に外なる対象的存在との出会いである以上に、その内実としては、「神人的エネルゲイア（ないし神的エネルゲイア・プネウマ）の現前」を使徒たちが経験したことであった。それはまた、「十字架の死をも凌駕する生命のエネルゲイア」との出会いであり、それが使徒たちに「生の根底的変容・再生」をもたらしえたのである。その際、注目すべきは、「神への意志的背反（＝罪）を否定し打ち砕く力・働き」が彼らに現前したということである。してみれば、そうした働きの生じ来たる主体（源泉）たるキリストにあっては、「神への意志的背反としての罪」を完全に凌駕した姿が現存しているであろう。

従って、ここにキリストは、既述のように、「神性と人性とがヒュポスタシス的に結合した存在」として語られることになる。すなわち、キリストはいわば「受肉＝神化」なる存在として――そのウーシアは無限なる超越であって決して知られえないが――、そのエネルゲイアの経験から何らか知られ証示されるのである。先の引用文に、「上なる世界（創造の成就ないし神化）はキリストにおいて完成されている」とあった。そして、いわば範型たるキリストに意志的に聴従してゆくことによって、われわれもまた完成されてゆくであろう。

キリスト自身の信（父なる神への聴従）　信・信仰の範型としてのキリスト

そこで改めて、本書のはじめに取り上げた「パウロのキリストとの出会い」の場面に立ち帰り、信（ピスティス）の根本的な意味について考察してゆこう。パウロは既述のように、キリストとの霊的出会いによって「新しい生」に甦らしめられた姿を、次のように鮮烈な言葉で語っていた。

わたしは神によって生きるために、律法を通して律法に対しては死んだ。わたしは〔キリストによって〕、キリストとともに十字架につけられたのだ。もはやわたしが生きているのではなく、わたしのうちでキリストが生きている。すなわち、今わたしが肉において生きているのは、わたしを愛しわたしのために〔十字架の死に至るまで〕自らを渡した神の子の信によって生きているのである。（ガラテア二・一九―二〇）

この文中、「わたしのうちでキリストが生きている」という言葉は、証聖者マクシモスによれば、自由の放棄などではなく、キリストの働き・霊に対する「意志的（グノーメー的）聴従」を意味するものであった（『難問集』、一〇七六B、邦訳五四頁）。このことはすでに論じたところであり繰り返さないが、ここに改めて注目したいのは、「神の子（キリスト）の信（ピスティス）によって生きている」という表現である。

イエス・キリストは「父なる神への聴従（従順）を全うした」という（フィリピ二・八参照）。それは、われわれがそれに依拠して歩むべき「範型としての姿」であろう。つまり、神への全き聴従とは、それによって神的エネルゲイア・プネウマが十全に宿されてくるものであり、「信・信仰の範型」でもある。とすれば、パウロの先の言葉の中で「神の子（キリスト）の信」とあるのは、原典のギリシア語にあって、いわゆる主格属格と読むべきであろう。（内外の大方の訳は――田川健三訳は例外として――「われわれのキリストへの信仰」としているが、それは多分に「信仰というもの」に対する先入見に捉われた訳文だと思われる。その場合にはおそらく、「信の構造」に関わる小さからぬ問題が見過ごされる嫌いがあろう。）

かくして、神への全き聴従としての「キリスト自身の持つ信」が、それに意志的聴従を介して与りゆくわれわれにおいて、範型として働くと考えられよう。それゆえ、「キリストへのわれわれの信仰」を語るのは、むしろ後の話なのである。すなわち、根拠たる神（ロゴス）への道行きの構造としては、キリストが「父なる神への聴従・信の範型」として先を歩み、われわれはそうした「信そのものの範型」としてのキリストに、能う限り聴従してゆくべく呼びかけられていることになろう。[6] この点に関して、パウロはさらに次のように述べている。

> 信が到来するまでは、われわれは律法によって保護下に置かれ、信が啓示されるに至るまで閉じ込められていた。……しかし、信が到来した今となっては、われわれはもはや〔律法という〕養育係のもとにはいない。なぜなら、あなたたちはすべて、信によってキリスト・イエスにおいて神の子だからである。（ガラテア三・二三―二六）

こうした意味での「信の到来」とは、神の子、イエス・キリストの誕生（受肉）のことである。が、それは同時に、内実としては「ロゴス・キリストによる神人的エネルゲイアの現前」でもあろう。そしてそれは、パウロならパウロに一つの典型を見る「生の根底的変容」、「新しい人の誕生」（エフェソ二・一五、二コリント五・一七など参照）が現に生起しえた、当の根拠の働きであったと考えられよう。

四　キリストの十字架の象徴的意味とその働き――魂・意志のうちなる神の働き・わざ

キリストの十字架は根拠のしるし・象徴

証聖者マクシモスは先の引用文において、「一方では、すでにキリストにおいて完成され、他方では、キリストに従う人々において後に再び完成されるだろう」とし、「キリストとともに生まれる人々は……キリストの死との類似によって、彼らの受難を通してキリストの復活（甦り）にも現に与る者となるであろう」（『難問集』、一二八一B）（エフェソ二・六、コロサイ二・一二など）と語っていた。こうした根本的な事柄をさらに吟味するために、マクシモスはその文脈に続いて、「キリストの十字架」をめぐって卓抜な観想の言葉を発している。それは、ナジアンゾスのグレゴリオスの次のような言葉の解釈として展開されたものであった。つまりそれは、「幼児がわれわれに誕生し（イザヤ九・五）、子が与えられる。その根拠は彼の肩の上にあり、彼は十字架につけられる」（『降誕祭の講話』第二章）という表現である。

　われわれの主イエス・キリストは……人間性の思惟に即して、固有の根拠（長）のしるし・象徴を受容し、自らの十字架を肩にかついで登場した。キリストはまず自らがそれを担い（ヨハネ一九・一七）、次に他の人々に与えるのだ。これらによって明らかに示されているのは、次のことである。すなわち、最初に根拠を手に有する人が、そうした根拠によって歩む人々を導いて、それに従いゆく人々の前をゆかなければならない。……ここに象徴として、肩とは「実践（プラクシス）のしるし」であり、十字架とは死をもたらすものとして「不受動心（情念からの解放）」（アパテイア）のしるしである。（『難問集』一二八四Ｂ—Ｃ、邦訳二七七—二七八頁）

十字架とはむろん、ふつうの意味ではおぞましい残酷な刑である。しかし、神の子キリストが十字架につけられたときには、同じ十字架が、キリストに従う人々に〔罪の〕死をもたらすものとして「不受動心のしるし」になるという。これは解釈の大きな転換であり変容であるが、そのことのうちなる機微がさらに問いたずねられなければなるまい。というのは、そこにはキリストの十字架による「万人の罪の贖い、救い」という、キリスト教の中心的位相に関わる謎・神秘が秘められているからである。

聖書学的には、さしあたり簡潔に言っておくとすれば、旧約以来の伝統がそこへと収斂し、成就してゆく事態として、「神の子キリストが十字架につけられ、犠牲の子羊として捧げられた。すなわち、キリスト自身が新しい神殿となり、捧げられる神であるとともに、捧げる神となった……」というふうに語られよう(7)。それはいわゆる贖罪（ないし代贖）の捉え方である。そこでまず、後の論述に備えて、そのことを端的に語っているパウロの代表的表現を二つ挙げておこう。

> ユダヤ人もギリシア人もすべて、罪のもとにある。……今や神の正義は、律法なしに顕わされた。それは、イエス・キリスト〔自身〕の信（ピスティス）によって、信じるすべての人々に至る神の正義である。……すべての人が罪を犯したのであって、神の栄光に欠ける。しかし彼らは、キリスト・イエスにおける贖いを通して、賜物として（無償で）神の恵みによって正義とされるのだ。神はそのキリストを、キリストの〔十字架の〕血において、信によって宥めの供物とした。それは、これまでに犯された罪をその忍耐において見過ごすことによって、神の正義を示すためである。つまり、今のとき（カイロス）に神の正義を示し、イエスの信からの者を正義となすためである。（ローマ三・九、二一―二六）

> 神は、われわれへの自らの愛（アガペー）を示した。われわれがまだ罪人であったときに、キリストがわれわれのために死んで下さったのである。とすれば、いっそうわれわれは、今や彼の血において正義とされたので、キリストによって〔神の〕怒りから救われることになろう。（同、五・八―九）

これらの言葉は――もとより同様の表現は枚挙に暇がないが――、キリスト教教理の礎となり根幹となっている。と同時に、それらはまた、「人間という存在者（人間的自然・本性）の本来的可能性」と「その開花・成就してゆく道」とについて、驚くべき洞察を秘めていると思われる。

それゆえ以下においては、パウロ書簡中のそうした言葉を（福音書の言葉とともに）そのままに受容しつつ、その指し示すところ、内的な位相を、改めて普遍的に「愛智の道」（＝哲学）として、また「魂と意志のうちなる神の働き・わざ」としていささか問い披いてゆきたい。

パウロの言葉の基本的解釈（その一）

思うに、一般の通念ではいかにもキリスト教的な（キリスト教臭い）表現も、一歩踏み込んでその真相を問うてゆくなら、実は哲学・倫理学の、そして行為論と意志論のいわば最前線に位置するものとして姿を現してくるであろう。なぜそのように言いうるのか。その点に関して、パウロならパウロの言葉を解釈する際の基本的観点として、次のことを確認しておこう。

先に引用した幾つかの表現において、パウロは一見、神を主語として為された客観的な出来事を語っているように見える。しかし、その内実は、自らの存在基底が打ち砕かれるかのような「パウロ自身の経験」であったであろう。ただそれは、パウロの単に特殊な個人的経験に留まるものではなかった。すなわち、すでに言及したように、パウロは自らの切実な経験（生の根底的変容）を土台としつつ、そのうちなる真実を、すべての人間に生起しうることとして一般化して語り出しているのである。言い換えれば、仮初の自己（頑なな自我の砦）が打ち砕かれ無化せしめられた限りで、そうした姿を場とし器として生起した「神的な働き・わざ」は、単に個人的領域に属するものではなく、人間本性の新たな変容ないし甦りをもたらすものであったと考えられよう。

それゆえわれわれは、神とキリストを主役（主体）とした「贖い、救いの壮大な歴史的ドラマ」をいわば舞台上の演劇を見るかのように、対象的・客観的に見るわけにはいかないのだ。（「対象化」の危険が、常識的なことにも学的なことにもつねに存する。）なぜならそれが、われわれの魂と意志のうちなる「神の働き・わざ」として、実在的な機微とともに経験され、語り出されうるものでなければ、それは、現実のわれわれにはほとんど関わることのない単に「思弁的な出来事」になってしまうからである。

さてそこで、先に引用したようなパウロの言葉について、解釈の基本線とも思われることを記しておこう。「すべての人は罪のもとにある」（ローマ三・九）が、「彼らはキリストにおける贖いを通して、賜物として神の恵みによって正義とされる」、そして「神はそのキリストを、キリストの〔十字架の〕血において（血によって）、信によって宥めの供物とした」（同、三・二四―二五）などと語られている。こうした表現にあって、基本的にはまず次のことに注目しておきたい。すなわち、「十字架の血において」と――これは「十字架の血によって」とも解されるが――、「キリスト〔自身〕の信（ピスティス）によって」という二つのことは、同じこと、同じ働きを意味しているであろう。

すでに言及したように、キリストの「父なる神への聴従（従順）」とは、「キリスト自身の信（信仰）」の姿でもある。そして、そうしたキリストの信の働き（エネルゲイア）は、心披いてそれに聴従する人に受容されるとき、その受容と信との度合いに従って、「神への意志的背反」（＝罪）というかつての姿を、何らか打ち砕き無化する力として働くのだ。「十字架のロゴス（言葉）は、神の力（デュナミス）である」（一コリント一・一八）と言われるゆえんである。そうした神の力はまさに、われわれの魂ないし意志のうちなる「神の働き・わざ」であろう。ここにとりわけ想起されるのは、パウロの次の言葉である。それは、われわれのうちに働く「神の働き」と「われわれ自身の自由・意志の働き」との不可思議な関わり（協働）を端的に示すものであった。

わたしの愛する者たちよ、あなたたちが〔神に〕つねに聴従したように、わたしがともにいるときだけでなく、いない今もなおさら聴従し、恐れおののきつつあなたたちの救いを達成するよう努めるがよい。なぜなら、あなたたちのうちに働いて、御旨を為さんために〔善きことを〕意志させかつ働かせているのは、神

だからである。（フィリピ二・一二―一三）

してみれば、人間的意志のうちなる「神の働き（エネルゲイア）」に注目するとき、「十字架の血による贖い」や「罪からの解放、救い」といったことの内実は、単に対象化されたある種の客観的出来事なのではなく、「キリストの信（ピスティス）の今も現前しうる働きによって」、ほかならぬわれわれの魂と意志のうちに何ほどか生成・顕現してくる事態だと解されよう。

そうした「キリストの信の働き」とは、その生じ来たる原初的出会いの経験からすれば、「十字架の死」をも凌駕して現前した「真の生命の働き（エネルゲイア）」であった。この点、証聖者マクシモスはさらに、十字架の象徴的意味とその働きとに関して卓抜な解釈を提示している。それについては後に吟味するが、ここでは次のことを今一度確認しておこう。

先に引用した言葉で語られていたことは、「キリストとの霊的出会い」あるいは「神的エネルゲイア・プネウマとの出会い」というパウロの経験そのものであったと考えられる。しかし、それはまた、すべての人において時と処とを超えていわば同時的に生起しうることと洞察され、それゆえ一般化して語られている。すなわち、そうした経験にあっては――たとえば道元の言う「身心脱落」のように――、わたし・自己の仮初の存在基底が突破されている限りで、器とも場ともなった人間的自然・本性のうちに神的エネルゲイア・プネウマが受容され、宿り来たるのである。ちなみに、ニュッサのグレゴリオスも信・信仰の測りと神的霊の受容とについて、次のように語っている。

ゆたかで朽ちることのない霊（プネウマ）は、その恵みを受容せんとする人々につねに流入する。聖なる使徒たちは、キリストの〔全一的な〕交わり・教会（エクレシア）によりそうした恵みに満たされて、溢れるばかりの実りを身をもって示したのだ。聖霊は、その賜物を純粋に受容する人々にとって、受け取る人々各々の信・信仰という測りに従って協働者、同労者として（一コリント三・九参照）存続する。……そして、魂の信仰の働きのただ中で生みの苦しみを伴いつつも、一人一人のうちに善を形成してゆくのである。（『キリスト者の生のかたち』一七頁、谷隆一郎訳、知泉書館、二〇一四年）

こうした事柄は、同様の文脈でマクシモスも強調するところであった。すなわち、「神的エネルゲイアの受容と宿り」は、人間的自然・本性の何ほどかの受容・再生をもたらす。それはまた、われわれのうちなる「善の形成」でもある。既述の表現では、「アレテー（善きかたち、徳）の成立」である。そしてそうしたことは、ある意味でこの有限な時間的世界における「神の生成・顕現のかたち」として捉えられてきたのである。

パウロの言葉の基本的解釈（その二）

これまで述べてきたことと密接に関わるものとして今一つ注目したいのは、「生命の新しさ」や「生命の霊（プネウマ）」についての以下の表現である。パウロはまず、次のように言っている。

われわれは死へと至る洗礼によってキリストとともに葬られた。それは、キリストが父の栄光によって死者の中から復活させられたように、われわれもまた生命の新しさにおいて歩むためである。なぜなら、もし

> われわれがキリストにあってその死に似たのなら、キリストの復活にも与るであろう。……われわれの古き人間は、罪の体が滅びるためにキリストとともに十字架につけられた。……もしわれわれがキリストとともに死んだのなら、われわれはキリストとともに生きるであろうと信じるのである。（ローマ六・四―八）

これは、畏るべき内容を含んだまさに不可思議なことであり、神秘的な（ギリシア語の原義からして、耳目を閉じるほかない）事柄である。そのパウロの言葉は、「わたしのうちでキリストが生きている」（ガラテア二・二〇）というくだんの言葉を敷衍したものである。それは、パウロ自身の現実の経験から語り出されたものであろう。その文中、「われわれはキリストとともに生きるであろうと信じる」とは――そのことをもたらした「キリストの働き」に注意すれば――、既述の「受肉したキリストの神人的エネルゲイア」に自由な意志的聴従を介して与ってこそ、「キリストとともに生きること」への信が成立してくるということと解されよう。

言い換えれば、十字架の死を超える「真の生命のエネルゲイア」がパウロに現前し、そのことがその名に値する「信のかたち」として結実したのだ。「生命の新しさにおいて歩む」と言われるゆえんも、そのことに存する。そして、そうした「生の姿」は、恐らく「ロゴスのうちなる生命」（ヨハネ一・四）の具体的な生成・顕現の姿でもあったであろう。[8]

ただしかし、右のような文脈には、注意すべきことが隠されている。すなわち、一言で言うとすれば、「キリスト自身の信（範型ないし根拠としての信）」と「キリストを信じる人間の信・信仰」とは、いわば「根拠とその有限な顕現との関わり」のように、微妙に実在的に関わり通底しつつも、両者の間には無限の開き（ある種の断絶）があるのだ。それゆえ、われわれは本来、こうした「関与と断絶との緊張した構造」をしも、自らの切実な問題として見つめ、かつ担いゆかなければなるまい。

してみれば、「キリストとともに生きる」ということ（その姿）は、われわれが「すでに」何ほどかそれに関与している際にも、「未だ」事実として完全に成就されているのではなく、むしろ「父への全き聴従」というべき「キリスト自身の信」――それは「受肉＝神化」なる姿でもあろうが――へと定位され、いわば無限に開かれているのだ。こうした「すでに、かつ未だ」という緊張は、われわれにとって（使徒たちもまた）耐え忍び担いゆくべきものであろう。それゆえに、もし「すでに、かつ未だ」という緊張をしかと見つめてゆくことなく、「キリストとともに生きること」を単に対象知として所有するに留まるなら、われわれは「キリストとの出会いの原初的・使徒的経験」の外に出てしまう恐れがあろう。それは、「信というものの本来的姿」とは無縁の、ある種の傲りに開き直った姿である。

ところで、パウロは「生命の霊」について次のように言っている。

今やキリストにおいてある人は、罪に定められることがない。キリストにおける生命の霊（プネウマ）の法が、あなたを罪と死との法から解放したからである。……もし神の霊があなたたちのうちに宿っているなら、あなたたちは肉にではなく霊においてある。あなたたちのうちにキリストがいれば、霊は正義のゆえに生命である。（ローマ八・一―二、九―一〇）

それにしても、なぜ「霊が生命である」とされるのか。その点については、これまでの論述から、次のことを確認しておこう。「神への意志的背反」が罪であり死性であった。神の霊がそうした罪（死性）を打ち砕き、人を解放する働き・力となりえたとすれば、霊とは、端的に「生命を与える働きそのもの」であろう。

　そのような霊（聖霊）の働き（神的エネルゲイア）は、人間的自然・本性（ピュシス）の本来的可能性をまさに開花・成就させうる力として働く。その限りで、それに与る人にあっては、それぞれの状況に応じて「正義」が何らか成立してくることになろう。そしてそれは、「われわれの意志のうちなる神の働き・わざ」であり、すでに言及したように「意志論の最前線」に位置する事態なのだ。してみれば、われわれはすべて、今もいつもそうした「現実以上の現実」（神秘）に与りゆくべく呼びかけられているのである。

五　「十字架による贖い、救い」の内実

十字架の象徴的意味とその働き　キリストの十字架とわれわれの十字架

先に述べたように、証聖者マクシモスによれば、「十字架とは死をもたらすものとして、不受動心（アパテイア）のしるし・象徴」であった。つまり十字架とは、諸々の情念（パトス）からわれわれを解放しうるものと捉えられているのだ。それゆえ十字架のキリストは、「不受動心を成就させてゆくような根拠（ないし範型）の姿」を示していると象徴的に解釈されている（『難問集』一二八四C、邦訳二七八頁）。

　ところで、そうした根拠（主なる神）に従おうと欲する人は、「自己自身を否定し、自らの十字架を背負ってわたし（イエス）に従え」（マタイ一六・二四）と命じられている。ただしかし、「自己を否定する」とか「不受動心を保持する」とかいうことは、誰にとってもむろん至難のわざである。われわれは、対象的なものや人に執着し、さまざまな情念に多少とも捕われているというのが、正直なところであろう。そんな中で、自己を否定し不

受動心を保つなどとは、自力のみではついに為しえない。「自分の意志する（欲する）善は、これを為さず、意志しない悪を為している」（ローマ七・一九）というパウロの悲痛な叫びは、われわれのものでもある。

そこで、とりわけ注目されるのは、マクシモスの次の表現である。それは、「キリストが十字架につけられること」と「われわれが十字架につけられること」との内的関わりを洞察し、ひいては「われわれが何ほどか自己を否定すること」の意味と根拠とを明らかにしようとするものであった。

> 実際、神的な師（ナジアンゾスのグレゴリオス）が「彼は十字架につけられる」という表現を用いるとき――それは既述のように「イザヤ九・五」に関する『降誕祭の講話』中の言葉であるが――、次のことがあらわに提示されていると思われる。人間のロゴス的（言語・知性的）自然・本性が実践とそれに結びついた不受動心とによって高められることによって、キリスト自身が明らかにつけられる（高く挙げられる）と言われるのだ。それはまさに、諸々の人間における「キリスト的かたちの形成」である。すなわち人間は、階梯と秩序とに即して高められ、不受動心の実践を通して「自然・本性の知的な観想」へと動かされ、そこからさらに「神学的な神秘参入（ミュスタゴーギア）」へと動かされるのである。……かくして、ひとり至高の存在は、霊において十字架に即して引き上げられるわれわれを通して十字架につけられるのである。（『難問集』一二八四D―一二八五B、邦訳二七八―二七九頁）

ここには不可思議な事態が語られている。すなわち、「われわれが実践と不受動心（ある種の自己否定）によって高められること（いわば十字架につけられること）」と「キリスト自身が十字架につけられること」とがほとんど同時的で通底することだと洞察されている。そこにあってキリストの十字架は、もはや単に過去の特殊な出来事とは看做されていない。かえってその現存する働き（エネルゲイア）は、それに信をもって聴従する人に、時と処とを超えて、その都度の今、新たに現前してくるものとされているのだ。（ちなみに、ミサ聖祭、エウカリスティアというものは、そのことの「今、ここなる」具体的な顕現の姿でもある。[9]）

とすれば、「キリストの十字架」と「われわれの十字架」とは、恐らく次のように微妙な関係のもとにある。つまり、われわれがたとい僅かでも「善く意志し」、何ほどか不受動心（情念からの解放）という自己否定のわざを為しえたなら、そこにはその成立根拠として「キリストの十字架」が、いわば「自己否定（自己無化）の範型」のように現前し働いているであろう。なぜなら、真の自己否定などということは、自由・意志の「負の可能性」を、またさまざまな情念と罪とを抱えたわれわれが、自力のみで為しうることではないからである。

なお、先述の引用文と同様の趣旨のものであるが、次のようにも語られている。いずれも問題の中心的場面に関わる表現であるので、合わせて挙げておくことにしよう。

キリストは一なる存在であって、法と預言者たちに、そして創造の偉大さを通して霊的に聞きかつ見ることのできる人々に神秘的に宣べ伝えている。とすれば、いかにして法は、キリストの原型を完成し、多くの〔犠牲の〕羊が父祖たちの家において捧げられるようにと命じているのであろうか。……もしわれわれがそのロゴス（言葉）を受け容れるなら、それは魂の耳と目に思惟的に触れられる。そしてそれは、一方では、キリストの神秘の受容と観想へと魂の耳と目を開き、他方、あらゆる〔神への〕背反に対する罰とあらゆる空しさからの転回とをもたらす。……〔そこでパウロは言う〕「あなたたちのうちで、キリスト・イエスとその十字架につけられたことのほかは何も知るまいと、わたしは心に定めた」（一コリント二・二）。してみれば、キリストを信じる各々の人は、「固有の力」と「キリストのもとなるアレテー（善きかたち、徳）の習性と性質」とによって十字架につけられ、かつ自らにおいてキリストを十字架につけている。そして同時に、彼は明らかにキリストによって霊的に十字架につけられているのである。（『難問集』一三五七D―一三六〇B、邦訳三五八―三五九頁）

こうした一連の言葉によってマクシモスは、「キリストの十字架の血による万人の贖い」、「罪からの解放・救い」といった中心的な事柄の真相を明らかにしようとしている。その際、とくに注目されているのは、「キリストが十字架につけられること」と「われわれが十字架につけられること」との微妙に両義的かつ重層的な関わりである。その間の機微は、改めて原初的場面に立ち帰って言えば、以下のように解されよう。

「十字架による贖い、罪からの救い」の内実　人間的意志のうちなる「神の働き・わざ」

かつてキリストは、われわれ人間の（往時のユダヤ人たちの）傲りと罪のために十字架の受難を蒙った。しかしキリストは、神の力・働き（エネルゲイア）によって死者の中から復活させられたという（エフェソ一・二〇、ローマ六・四など）。ただ、その内実としてはすでに述べたように、「死をも凌駕する真の生命のエネルゲイア」が使徒たちに現前し、「生の根底的変容」、「新しい人の誕生」が生起したということであろう。そうした使徒的経験は、キリストとの、あるいはむしろ神的エネルゲイア・プネウマとの出会いによる「確かな現実」（いわば信という新たなヒュポスタシス）（ヘブライ一一・一）なのであった。

だがそのことは、単に過ぎ去った過去の特異な出来事に留まるものではない。すなわち、神の子「ロゴス・キリスト」がその名に値する存在であるなら、神的エネルゲイア・プネウマは、「つねに」時と処とを超えて現存しているとともに、それに心披いて聴従する人に「あるとき」、歴史上のその都度の今、同時的に現存し働くと考えられよう。

さて、先の引用文によれば、「キリストを信じる人は、固有の力とキリストのアレテー（善きかたち）（の働き）とによって十字架につけられる」という。そしてそれは、われわれの悪しき情念や罪が何らかの仕方で死にもたらされて、不受動心が生まれるということである。（十字架とは不受動心のしるし・象徴として捉えられていたからだ。）そこに注目すべきは、この意味での「十字架につけられること」が、「キリスト自身の信の働き（エネルゲイア）によって」、しかもわれわれの意志的聴従を介して生起するということである。

言い換えれば、「キリスト自身の信の働き」に、そしてつまりは「ロゴス・キリストの神人的エネルゲイア」にわれわれが聴従し信じるとき、その聴従と信との度合に応じて神人的エネルゲイア（あるいは神的エネルゲイア・プネウマ）が受容されよう。そのときそれは、われわれのうちなる罪（神への意志的背反）を何ほどか否定しなみする力として働くであろう。

そのようにしてはじめて、かつては罪のためにキリストを十字架につけていた姿が、「十字架の死を超えて現存するキリストの働き」に、つまり「キリストの信の働き」――それはいわば自己否定の範型的働きでもあるが――に与ることによって、十字架につけられるのだ。（それは、象徴的に情念や罪の死を意味した。）それゆえそのことが、「キリストによって霊的につけられる」という言葉で、端的に語られているのである。

ところで、パウロの言葉に、「もしわれわれがキリストにあってその死に似たのなら、キリストの復活にも与るであろう」（ローマ六・五）とあった。[10] それは確かに、キリスト教における最も根本的な事態を指し示す言葉である。ただそれは、誤解を恐れずに言えば、必ずしも単に「客体的出来事」として、また「信仰的真実」として対象化されてしまってはなるまい。（つまり対象知として、自己の外に祭り上げられてはならない。）すなわち、パウロの言は、パウロ自身の（そして可能性としてはすべてわれわれの）最も素朴で切実な、「わたし・自己のうちなる死と再生との経験」を語り出しているのである。そしてそれは、「われわれの魂と意志のうちなる神の働き・わざ」であるが、「十字架による贖い」、「万人の罪からの救い」といった事柄の内実も、恐らくはそこに存するであろう。

かくして、一つのまとめとして言うなら、「十字架につけられる」ということには次のような関係構造が見て取られよう。

（i）「キリストの十字架の働き（エネルゲイア）」は——それは「キリスト自身の信（ピスティス）の働き」、あるいは「神の霊（プネウマ）」の鮮烈な具体化であろうが——、「われわれの十字架の働き・わざ」、つまり自己否定と不受動心（アパテイア）との働きが現に何ほどか成立してくるための根拠として、恐らく「つねに」現存している。しかしそれは、われわれの意志的聴従を介して、歴史上の「あるとき」、今、ここに生成・顕現してくるであろう。

（ii）と同時に、「われわれの十字架の働き・わざ」は、「キリストの十字架の働き」がこの時間的・歴史的世界にそれぞれのかたちで生成し持続してくることでもあろう。

従って、（i）は（ii）の成立根拠であり、（ii）は（i）の新たな現出、具体化であって、そのようにして「キリストの十字架の働き」が歴史のうちで存続してゆくのである。(11)

既述のように、十字架の死を否定して復活したキリストは、対象的に知られる存在である以上に、その神人的エネルゲイアの経験から遥かに証示されうる。そして「ロゴス・キリスト」は――受肉と受難（十字架）と復活をいわば全体としてその身に担って現存し、かつても今も働いているとされようが――、その実体・本質（ウーシア）としてはどこまでも知られざる超越でありつつ、朽ちることなき「生命のエネルゲイア」としてわれわれに現前し、「神化（神的生命への与り）の道行き」と促しているのである。してみれば、こうした「ウーシアとエネルゲイアの峻別」を自らのうちなる現実（あるいは分・運命）として、謙遜に見つめ担いゆくことがなければ、「キリストの真実」がまさに「使徒たちの真実」として、彼らの「生の根底的変容」の只中から証言された当の「原初的出会いの経験」を見過ごすことになろう。

もとよりキリストの十字架は歴史的出来事であったが、証聖者マクシモスはそのうちに、永遠的なものと時間的なものとの「不可思議な出会い・瞬間（カイロス）と交流」を見ていた。すなわちマクシモスは、キリストの十字架の歴史性とある種の身体性とを尊びつつ、自己否定（無化）の範型的エネルゲイアが、そしてさらに「ロゴスのうちなる生命」（ヨハネ一・四）のエネルゲイアが、それに出会い聴従する人において「今、ここに」現前してくることを注視していた。そのように、永遠的なものと時間的なものとの出会いと相互の関わりが、自らの「自己否定の働き」と「根拠なる神への脱自的な愛（アガペー）」において経験され発語されるときはじめて、その名に値する「歴史性」が生起してくるのである。

神とロゴス・キリストとは切り離しえない

そこで、探究の原点に立ち帰って次のことに注意しておこう。神の働き・わざは、通常は（たとえば実証性・客観性を旨とする学問において）多分に一般化して語られることが多い。しかし、とりわけ東方・ギリシア教父の伝統にあって「神の働き（エネルゲイア）」の内実は、「受肉したロゴス・キリストの働き」（つまり、神的エネルゲイア・プネウマないし神人的エネルゲイア）であった。そしてそれは、「ロゴスの受肉と受難（十字架）と復活」をいわば同時的に貫いて現存する「神的生命のエネルゲイア」だと言えよう。

従って本来は、神とキリストという存在を安易に（そして実証性・客観性の名のもとに）切り離してしまってはならないであろう。なぜなら、そのように両者を分離して捉えることは、「神的・超越的な働きないし霊との出会い」によって顕現してくる「人間の真実」から自らを切り離し、仮初の中立性に寄りかかる余り、真に問い披くべき問題位相の局外に自己を立たせることになるからである。ただし、右に述べたことは、必ずしも「キリスト中心主義」といった標語で示されるべきではない。この点について、ここでは最も基本的なことを少しく確認しておく。

使徒や教父たちは（またむろん、虚心に読めば聖書そのものは）、われわれを根源的な「知と不知との間に」、そして己れ自身の前に立たせる。なぜなら彼らは、最も単純かつ無垢に「人間とは何か、また何でありうるのか」ということを身をもって指し示しているからである。従って、神（ヤハウェ、テオスなど）という言葉は、ただ「人間としての本来の生の成立」をいわばその内側から根拠づけている何ものかを呼ぶ名であったであろう。

そして同時に、そうした根拠（はじめ）の働き（エネルゲイア）が——根拠たる神の実体・本質（ウーシア）は知られざる超越でありつつ——わたし・自己の仮初の存在基底（自我の砦）を突破して、「わたしのうちで現存し、わたしを真に生かせている」と自覚されるとき、それは恐らく、「キリストの名」が新たに見出され、発語されるときであった。すなわちその際、「キリストの名」は、「わたし・自己の生の根底的変容」あるいは「新しい人の誕生、甦り」のうちに（エフェソ二・一五、コロサイ三・一〇など）、その成立根拠たる働き（エネルゲイア）の現存を証示しているのである。とすれば、神とキリストという二つの名は、とくに「人間的生の本来的かたちの生成・顕現」において、超越的根拠とその具体的働き・わざとの関わりのように、不可分に結びついているのである。そしてこのことが、本書第二章に記した「ロゴス・キリスト論」の探究に支えられていること、言うまでもない。

六　十字架の階梯と「キリスト的かたちの形成」

十字架につけられることの階梯

改めて思うに、身体的かつ時間的存在者たるわれわれにとって、無限なる神性（神的自然・本性）と一挙に結合・一体化することはありえない。それゆえ、身体を排除したような「純粋で無時間的な魂」を自らがすでに所有していると標榜することは、いわば自己把握の虚偽に陥るであろう。このことは古来の思想史にあって、たとえばグノーシス主義やそれに類する宗教思想などに顕著に認められる。（そうした主題については、先の第三章の四「身体ないし身体性の問題――魂と身体との同時的生成」において少しく吟味したところである。）

そこで、身体性と時間性を否応なく抱えたわれわれにあっては、くだんの「十字架につけられること」（つまり、自己否定と不受動心のかたち）にある種の階梯ないし度合が存することになる。それゆえにまた、現にあるわれわれは、さまざまな情念や罪（神への意志的背反）による頽落にも絶えず晒されつつ、それらが何らか否定され浄化されてゆく道を祈り求めてゆくほかはないのであった。

そしてそこに、十字架の象徴的な意味と働きが深く関わっている。そうした意味合いでの「十字架の階梯」について、証聖者マクシモスは次のように洞察している。それは、「われわれが〔罪のゆえに〕キリストを十字架につけており……かつキリストによって霊的に十字架につけられている」という先の引用文（一三六〇A―B）に続く文章である。

各々の人は、アレテー（善きかたち、徳）の方式（階梯）に即して自己自身に十字架を受け容れている。すなわち、一方で人は、罪の働きにおいて（について）のみ十字架につけられ、神への恐れによって死んで釘づけされている。他方では、諸々の情念（パトス）において十字架につけられ、魂の諸々の力を追放している。しかし他の人は、諸々の情念の〔単なる〕想像（ファンタシア）そのものにおいて〔十字架につけられているが〕、諸々の感覚を追放していない。つまり、それらによって積み上げられたものを受け容れてしまっている。そしてある人は、諸々の情念をめぐる想念や思惑において、あるいは感覚的な欺きにおいて〔十字架につけられている〕。ある人はまた、自然・本性的な固有性を通して十字架につけられており、諸々の感覚によって感覚されたものに対する関係を追放している。しかし他の人は、自らにあって自然・本性的に働いているものはもはや何もないかのように、あらゆる感覚的な動きを普遍的に十字架によって消滅させている。そしてある人は、知性（ヌース）に即した働き（エネルゲイア）そのものを全く停止させるのである。

（『難問集』一三六〇B―C、邦訳三五九頁）

こうした表現によって、われわれが霊的な意味で「十字架につけられること」のさまざまな内的かたち（階梯）が語り出されている。（ただ、右の文中、終りの二つの姿は、余りに高い神秘的な境地であり、瞠目するほかはないのだが。）思うにわれわれは、陰に陽に、そしてつねに他者（隣人）との何らかの関わりにおいて生きている以上、右に示されたような「十字架の階梯」（つまり、自己否定や不受動心のさまざまなかたち）は、現実の人生の道にあって「善く在ること、善く生きること」のために、誰にとっても実は切実な問題となろう。ともあれここでは、その文脈での基本的なことのみを見定めておきたい。

そこにおいて問題とされているのは、「現に何が十字架につけられ、死にもたらされているか」ということである。すなわち、それは、（i）諸々の罪のわざ、（ii）諸々の情念、（iii）それらについての想像、（iv）さらには諸々の情念をめぐる想念や思惑、（v）諸々の感覚されたもの（感覚物）への関わり、（vi）あらゆる感覚的な動き、そして（vii）知性の動き等々が、十字架につけられているという階梯である。

こうした事柄について、実際の生活に照らして簡明に言うとすれば、もし罪（神への意志的背反）の働きが死んでいて、具体的な行為が為されていないときにも、諸々の情念（怒り、情欲、恨み、妬み、蔑みなど）はなおも残存し、われわれを悪しき行為へと誘う。さらには、もし具体的な情念が克服されて（つまり十字架につけられて）いるとしても、それらについての想念や思惑などは残っているであろう。……そしてすでに第三章の三「情念と自己変容」にて言及したように、マクシモスは端的にこう語っている。「あなたがたとえば大食、情欲、怒り、貪欲といった粗悪な情念のいずれかに打ち勝ったときにも、虚栄の想念が直ちにあなたに襲いかかる。しかし、もしあなたが虚栄に打ち勝ったとしても、傲慢の思いがそれに続くのである」（『愛についての四百の断章』、Ⅲ・五九、『フィロカリア』Ⅲ所収、谷隆一郎訳、新世社、二〇〇六年）と。ここに、傲り・傲慢とは、われわれの魂の内奥の「最も由々しき敵」、「罪の根元」であり、悪魔（サタン）の名でもあった。

言うまでもなく、諸々の情念からの解放としての不受動心（アパテイア）を多少とも保持することは、誰にとっても容易なことではない。ましてや、十字架の象徴するような全き自己否定と不受動心の姿に達することは、まさに至難である。しかしそれにしても、改めて思いを潜めておくべきは、「十字架につけられること」のすべての」階梯にあって、そのほんの僅かな成立・現実化のためにも、ロゴス・キリストの働き（神的エネルゲイア・プネウマないし神人的エネルゲイア）が「自己否定・無化のいわば範型的働き」として、われわれの聴従と信の測り・度合に従って現前し、分有されていなければならないということである。そして、そうした「ロゴス・キリストの働きないし霊」とは、すでに述べたように、「父なる神への全き聴従」としての「キリスト自身の信の働き」でもあろう。

そこで、今一度言うなら、右のような「十字架の階梯」、「神的エネルゲイア・プネウマの現前と受容」にあっては、「神的働きと人間的自由・意志の働きとの不可思議な協働（シュネルギア）」が存しているのである。それゆえ、神的働きや恵み（恩恵）というものを、人間的自由の関与しえないような、単に天下りの一方的なものとして祭り上げてはならない。また、他の極として、人間的自由を肥大化させて、神とキリストを探究の局外に追いやってしまうことは――それは悪しき超越化であり、神なき世界を標榜することに通じるが――、すべてわれわれに与えられた人間的自然・本性への背反であり、ある種の逸脱ともなろう。

ところで、マクシモスは先の引用文に続いて、「神への道行き（神的生命への与りとしての神化の道）」のさらなる階梯を、次のように集約的に語っている。

より大なることを言えば、ある人はさらに、不受動心を通して「実践哲学」において十字架につけられており、あたかもキリストの肉からキリストの魂へと上昇するかのように、霊（プネウマ）における「自然・本性的観想」へと上昇する。そしてさらに、知性（ヌース）による「存在物についての象徴的観想」を通して、自然・本性的観想に死んでいる。つまり、あたかもキリストの魂からキリストの知性へと向かうかのように、神学的知識の「一にして単純な神秘参入（ミュスタゴーギア）」へと変容せしめられるのだ。すなわち、あたかもキリストの知性からキリストの神性へと向かうかのように、右のところから全くの否定によって、語りえざる離脱的な無限性へと神秘的に導かれるのである。（『難問集』一三六〇C—D、邦訳三五九—三六〇頁）

この一文には、一言で言えば、「実践的哲学」、「自然・本性的観想」、そして「神学的神秘参入」という三つの階梯が——それらは古来、教父や師父たちの修道的かつ学的な伝統にあって、さまざまに語られてきたのだが——、ここではいわば「十字架の階梯」として捉えなおされている。われわれはすべて、置かれている状況は多様であるとはいえ、右のような「生の変容・再生の道」にそれぞれのかたちで参与してゆく可能性を有しているのである。

もとよりわれわれは、この世の対象的事物に、あるいは人やものに多少とも執着し、往々にして諸々の情念に捉われるというのが、正直なところであろう。とすれば、右に示されたような三つの階梯は、その最初のこと、つまり「実践的哲学（実際の生活での愛智）において十字架につけられること」にしても、なかなかむずかしい。そしてさらに、「象徴的観想を通して自然・本性的観想に死んで（十字架につけられ）」、「神学的な神秘参入」へと上昇してゆくということは、まことに至難であり、遥か彼方の境地とも思われよう。

ただしかし、「根拠たる神、ロゴス・キリストに与りゆく道」が――それは「人間的自然・本性の開花・成就、および神化（神的生命への与り）」の道でもあるが――、右のように透徹した語り口で言語化されているのは、やはり貴重なことである。なぜなら、道行きの全体的な階梯がそのように洞察されていることによって、われわれが実際の生活にあって低い段階にあるときにも、本来はいかなる境位に与りゆくべきかということを想起しつつ、信じ望見してゆくことができるからである。

あるいはむしろ、次のように言うべきであろうか。くだんの三つの階梯も、それよりも下にある段階にしても、単にわれわれの外に対象的に在るというよりは、その都度いずれかが経験され、その否定と浄化とを介して、さらに上方のものが何ほどか経験されてゆくであろう。（もちろん、自らのうちなる「神への意志的背反」によって、反対の方向に落下してゆくことにもつねに開かれているのだが。）ともあれ、われわれは、たとい小さくはかない存在であるとはいえ、それぞれの分・運命に応じて「絶えざる伸展・超出」を志向し、祈り求めてゆくほかはないのである。

各々の人は類比的にキリストを有し、キリストとなる

さて、十字架をめぐる右のような文脈から浮かび上がってくる重要な論点は、われわれのうちなる「キリスト的かたちの形成」ということである。しかもそれは、先述の「実践的哲学」、「自然・本性的観想」、そして「神

学的神秘参入」という階梯のすべてにおいて、いわば類比的に見出されるという。すなわち、現前する神的エネルゲイア・プネウマに対する「われわれの意志的聴従と信との度合に従って」、それぞれに「キリスト的かたち」が形成されてくるのである。このことについてマクシモスは、以下のように洞察している。

> 各々の人は、自らの力に即して、また自らにふさわしい仕方で与えられた「霊（プネウマ）の恵みに即して、類比的（アナロギア的）に」キリストを有する。ここにキリストは、万人に対する死（十字架）を通して、〔自らが犠牲の羊となって〕より高い上昇を為しているのだ。そのようにわれわれの各々は、家にて固有の秩序により、アレテー（善きかたち、徳）に即して自らに適合した定め（姿）で羊を捧げることによって、まさに神的な羊を捧げる。そして、その肉に分け与り、イエスに満たされるのだ。なぜなら、各々の人に固有な羊は、キリスト・イエスを捉え食しうるために、キリストとなるからだ。……そしてキリストは、ある人にはこのように、他の人には他のようにという仕方で、全体が全体において見出され、すべてにおいてすべてとなるのである。（『難問集』一三六〇B―一三六一A、邦訳三五九―三六〇頁）

この文章からまず読み取れるのは、一般の教理的説明としては、「イエス・キリストが十字架の死（受難）を自ら進んで蒙ることによって、いわば犠牲の子羊として自らを捧げ、万人の死を贖った」ということである。つまりそれは、いわゆる「代贖」という事態であり、「すべての人の罪を身代わりとなって担い、自らの十字架によって万人に救いをもたらすこと」とされる。そして、たとえば旧約聖書のイザヤ書第五三章のいわゆる「苦難のしもべ」は、「キリストの予表」と捉えられることになるが、そのことは、教父の伝統における解釈の基本ともなっている。

すなわち、教父たちの透徹した眼差しにあっては、「キリストの贖い」は、そして「ロゴス・キリスト自身の存在」は、旧約の長い歴史を背景に有し、しかもその伝統の収斂点として、また真の成就・完成の姿として見つめられていたのである。

ただしかし、ここに改めて注意すべきは、「十字架によるキリストの贖い、救い」などということは、われわれの自由・意志の全く関与しえないような、何か壮大な歴史的・対象的出来事なのではなく、むしろ「われわれの魂ないし意志のうちなる神の働き・わざ」であろうということである。（キリストのわざと存在をいたずらに超越化させたり、単に逆説的な「信仰の対象」として祭り上げたりしてはならない。）それゆえにこそわれわれは、さまざまな情念や「神への意志的背反」（＝罪）にも晒された己れの姿を凝視しつつ、魂の内奥に「かつても、今も」現前してくる神的エネルゲイア・プネウマに心披き聴従してゆくことが、何よりも肝要であろう。

この点、われわれが神の霊（プネウマ）に聴従してゆくなら「霊の恵み」を受容しうるというが、そのことをマクシモスは、「類比的にキリストを有すること」と語っている。

ところで、聴従とは「己れを無にして従ってゆくこと」であり、自己否定の姿であろうが、そう為しうるのは、キリストの「全き自己否定の働き（エネルゲイア）」を受容してこそであろう。かくしてわれわれのうちに、「キリスト的かたち」が形成されてくると考えられよう。そして、神に関与してゆく道行きにおいて、その成立の根拠として、恐らくは今もいつも現存している「キリストの十字架（自己否定、無化）の働き」に与りゆくとき、人は「類比的にキリストになる」とされているのだ。

ちなみに、「各々の人に固有な羊は、人がキリスト・イエスを捉えうるためにキリストとなる」とも語られていた。そうした仕方で「真の生命たるキリストのエネルゲイア・プネウマ」に分け与えることは、具体的な場面として僅かに言及するなら、「キリストの体と血に与ってゆく」という、使徒たち以来のエウカリスティア（聖体祭儀）の内実でもあったのである。

第五章　他者との全一的交わりとロゴス・キリストの現存
――「受肉の神秘」の前に――

振り返って言えば、古来、使徒たちをはじめとして歴代の教父や師父など幾多の人々は、イエス・キリストとの霊的出会い（カイロス）を契機として「生の根底的変容」に促された。それは、パウロの言う「新しい人」の誕生であり、「キリスト的かたち」の類比的な形成でもあった。そして彼らは、自己の人生そのものを神に捧げゆくかのような生を、それぞれのかたちで能う限り全うして生きたのである。

では、それにしても一体何が、そうした根源的出来事の成立を可能にしたのか。既述のようにそれは、神的な働きと霊、つまり神的エネルゲイア・プネウマないし神人的エネルゲイアがそれぞれの人に現前し、「信の測り、意志的聴従に従って」受容されたことにもとづくであろう。しかも、その「原初的出会いの経験」からこそ――それは広義の使徒的経験であるが――、イエス・キリストをめぐる諸々の教理（ドグマ）が新たに見出され言語化されていったのである。この意味での原初的・使徒的経験とは、もとより単に特殊な思想伝統にのみ属するようなものではなく、その中心的位相に関する限り、基本的には時代、民族、場所などの異なりを超えて、すべてわれわれにおいても何ほどか生起しうるものであろう。

そこに注意すべきは、一見無味乾燥な教理表現の背後に、神の愛（アガペー）、神の霊（プネウマ）に心貫かれて、神への（そしてつまりは、ロゴス・キリストへの）無限の愛に促された人々の姿が存するということである。

それゆえ、特殊なキリスト教教理と見えるものは、それが語り出されてきた当の原初的経験に立ち帰って、その成立の根底を問いゆく場合は、普遍的にすべての人に関わるものとなろう。この点、簡明に言うなら、使徒なら使徒が身をもって体現した「人間の真実」は――それは、人間的自然・本性（ピュシス）が何に向かって開かれ、何になりうるかを示しているものであったが――、その成立根拠としての「キリストの真実」を証しているのだ。つまり、使徒たちの原初的経験に具体化した「人間の真実」は、「キリストの真実」がこの時間的世界に現に生成し顕現してきた姿でもあろう。

あるいはまた、この有限な世界における「神の顕現」は、その現実の成り立ちのためのいわば身体ないし場・器として、人間と歴史とを必要とすると考えられよう。言い換えれば、「神的エネルゲイア・プネウマに対して善く応答し、善く意志すること」、そしてそれによって「アレテー（善きかたち、徳）が形成されること」は、ある意味で、超越的存在としての神（善そのもの）がこの時間的世界に何らか顕現してきたかたちなのである。「諸々のアレテーにおいて身体化した神」（『難問集』一〇三二B、邦訳四頁）と言われるゆえんである。これはすでに言及したように、神は「神への愛として」（つまり、人間の最上のアレテーの姿として）生成・顕現してくるということにほかならない。（この点は、ニュッサのグレゴリオスの『雅歌講話』第四講話などにゆたかに語り出されている。）

ただその際、われわれにとって己れ自身を超えゆくような「神への愛」は、無限なる神にどこまでも開かれており、決して一挙に神と結合・一体化して静止してしまうわけではない。すなわち、神への脱自的愛は、一言で言うなら、「絶えざる自己超越（エペクタシス）」という動的かたちで現出してくる。従って、そこには「絶えざる生成」、「不断の創造」といった根本性格が存している。そのように「人間的自然・本性が動的な仕方で神に関与し、開花・成就してゆく道行き」は、とりわけニュッサのグレゴリオスの深く洞察するところであったが、証聖者マクシモスはニュッサのグレゴリオスなど「カッパドキアの三つの光」たる教父たちの伝統を継承しつつ、それをさらに敷衍し学的に展開しているのである。

一　創造の収斂点としての人間

旧・新約聖書の伝統によれば、人間は決して神を直視しえず、対象的に知ることもできない。すなわち、周知のごとく次のように語られている。（はじめの一文は、神・ヤハウェがシナイ山でモーセに語り告げた言葉である。）

あなたはわたしの顔を見ることはできない。人はわたしを見て、なお生きていることはできないからである。（出エジプト三三・二〇）

未だかつて神を見た人はいない。父のふところに在ます独り子たる神（イエス・キリスト）こそが、神を示したのである。（ヨハネ一・一八）

既述のように、無限なる神は、この有限な時間的世界にそれ自体としては現出しえないが、「神への愛」として、またアレテー（善きかたち）として何ほどか具体化（身体化）し、生成・顕現してくるであろう。このことは、神の世界創造という問題に対して一つの根本的視点を提供するものであった。というのも、創造とは、単に過去の一時点で完結したような出来事ではありえず、かえって「絶えざる生成」、「不断の創造」という動的構造において生起してくるのであり、しかもその収斂点に人間が位置しているからである。

創造の三つの階梯

すなわち、その基本線のみ今一度言っておくとすれば、創造には次のような三つの階梯が存しよう。

(ⅰ) いわゆる自然界における「無生物、生物、植物そして動物」などの成立。

(ⅱ) ロゴス的(言語・知性的)存在者としての人間の成立。

(ⅲ) さらには、人間の「善く在ること」および「アレテー(善きかたち、徳)」の成立。そして愛(アガペー)とは、証聖者マクシモスによれば、諸々のアレテーを統合するものであった。

こうした階梯は、むろん創世記冒頭の箇所などの象徴的・哲学的解釈にもとづくものであった。それについては先に第三章で簡潔に見定めたところであり、ここでは繰り返さないが、後の論述に備えて次のことを確認しておこう。

右に示した三つの階梯は、本来は単に通時的な順序なのではなく、恐らくは同時的に「人間のアレテーの成立」のうちに収斂しているであろう。しかもそれは、動的かつ全一的なかたちとして現出してくると考えられる。もちろん、それは実際には(常識的にも自然科学的にも)、宇宙の創世以来、不思議な過程を取り、水惑星としての地球の成立、そしてそこでの生命体の誕生を経て人間の誕生に至ったとされる。そうした事柄については、誰しもいちおう「それ」として受けとめておくほかあるまい。ただ、一言だけ付け加えると、この宇宙の途方もない時間的・空間的な広がりの中で「地球という水惑星の誕生」ということは、昨今の物理学の知見では「確率的にはほとんど零に近い、つまり奇蹟的なことだ」とも言われる。この点、「それもまた自然にそうなった」のであって、直ちに奇蹟などという言葉を持ち出すこともないと思われよう。が、それにしても、「自然ないし自然・本性（ピュシス）とはそもそも何なのか」ということは、依然として大きな問題なのである。

そこで、とりわけ「人間（人間的自然・本性）の成立」、そしてさらに「アレテー（善きかたち）の成立」ということの真相を問い披こうとするなら、数直線で示されるような通俗的時間表象やさまざまに対象化された学的把握などは、一たび後にしてゆかなければなるまい。それはつまり、物質とその要素、それらの離合集散などの探究を旨とする自然科学や、自然科学を一つの範とした実証的な諸学は――もちろん、くだんの問題の中心的位相を問おうとする限りにおいてであるが――、一つの根本的限界を有しているからである。

ともあれ、創造のいわば収斂点としての「人間の成立」について新たな論点に入る前に、まず次のことを確認しておく。既述のように、人間・自己の成立とは、その本来的な姿としては、自由・意志の善き働きによる「アレテー（善きかたち）」、さらには諸々のアレテーの統合たる「神への脱自的愛」の形成として、現に生成・顕現しうるものであろう。そしてそのことは、「つねに」（永遠に）現存し働いている神的エネルゲイア・プネウマが、われわれの意志的聴従（ないし信の測り）に従って、その都度の「あるとき」現前し受容されてくるという仕方で時間的に生起すると考えられるのである。

しかるにまた、人間的な意志と行為、そしてとくに愛の働き・わざは、言うまでもなく現実の生活にあっては、他者・隣人との関わりを場とし契機として、はじめて具体化（身体化）し現出してくる。してみればここに、これまで論じてきたさまざまな主題と実は通底している事柄として、広義の「他者の問題」がおのずと浮び上ってくる。それはあらかじめ言うなら、聖書と教父との思想伝統にあって、「他者との関わり」と「神（つまり絶対他者）との関わり」との微妙な意味連関、そしてさらに「他者との霊的かつ全一的交わり（エクレシア、教会）」という新たな主題である。

エペクタシスとエクレシア

ニュッサのグレゴリオスがつとに洞察していたように、「無限なる神への絶えざる自己超越」としてのエペクタシスは、むろん超越の彼方に上昇してゆくだけのものではなく、必ずや同時に、この世界における広義の他者に還帰し、自他における「神性の全一的交わり」としてのエクレシアというかたちで具体化してくるであろう。すなわち、エペクタシスとエクレシアとは、いわば「垂直」と「水平」という異なる方向ないし次元に働くもののように見えるが、内実としては、エペクタシスは恐らくエクレシアというかたちで現出してくると思われる。(1)とすれば、人間的自然・本性（ピュシス）の本来的かたちとは、決して己れの内面に閉ざされ孤立した姿で神に関与してゆくようなものではない。かえってそれは、神的エネルゲイア・プネウマ（ないしロゴス・キリストの神人的エネルゲイア）を能う限り受容することによる「他者との霊的・全一的かたち」として、この有限な世界に生成・顕現してくると考えられよう。

二　他者との善き関わりとロゴス・キリストの現存

小さい者の一人に為したことは、キリストに為したこと

証聖者マクシモスは、『神秘への参入（奉神礼の奥義入門）』（ミュスタゴーギア）という含蓄ある著作の終りの

方で、他者・隣人との関わりの中心的位相を明らかにしている。そこではまず、次のように言われている。

「わたしの兄弟であるこの最も小さい者（貧しい者）の一人に為したことは、わたし（キリスト）に為したことだ」（マタイ二五・四〇参照）とあるが、善きわざを受けることを必要としている人（隣人）とは、神なのである。……そしてまた、善く為しうる人は、恵みと分有によって自らが神であることを証示している。なぜなら彼は、神の善きわざの働き（エネルゲイア）を受容しているからである。（『神秘への参入』ＰＧ九一、七一三Ａ）

この表現には、「神的エネルゲイア・プネウマの受容」ということの意味射程が指し示されている。すなわち、「善きわざを受けることを必要としている人とは神なのだ」とあるが、それは、善きわざを受けるべき他者・隣人においてこそ――そうした「小さい者、貧しい者」とは、本来はすべての人のことであろうが――、神の働き（エネルゲイア）が現前し具体化しうるということであろう。つまり、「その人は神だ」という踏み込んだ言葉は、いわゆる人神思想などではなく、有限な人間のうちにこそ無限なる神のエネルゲイアが勝義に宿り来たることを示しているのである。

そして他方、すべて他者に対して「善く為しうる人」も、神の善きエネルゲイアを受容している限りで、「恵みと分有によって神である」という。なぜなら、「この小さい者（貧しい者）の一人に――つまりすべての他者・隣人に対して――善く為しうる人」のうちには、恐らく神的エネルゲイア・プネウマがより大に受容されているからである。

しかし、われわれは誰しも「神への意志的背反」（＝罪）という「負の可能性」をつねに抱えている。それゆえ、われわれがそうした姿から脱却して、心砕かれた謙遜な者、心貧しい者（マタイ五・三）にならない限り、神的エネルゲイアをより善く（より大に）受容することはできないであろう。しかもまた、自らの諸々の情念や罪を否定し浄化するなどということは、自力のみによってはついに不可能である。「キリストの十字架」が、そして「キリストの真実」が「人間の本来的な道」の成立にとって普遍的な意味を有するものとなるのは、まさにそこにおいてであった。(2)

というのは、われわれが少しでも自己を否定し、不受動心（情念からの解放）の「善きわざ」を為しうるのは、その可能根拠として、キリストの十字架が象徴的に指し示す「自己否定（無化）の範型的エネルゲイア」を受容し分有することによるからである。言い換えれば、われわれが他者との関わりにあって、僅かに「善く意志すること」、「善きわざを為すこと」の根底にも、その成立の真の根拠として「ロゴス・キリストの神人的エネルゲイア」が現前していると考えられよう。そしてそれは、既述のように、「十字架の死から甦ったキリストの働き」、つまり「死をも凌駕する真の生命のエネルゲイア」なのであった。従ってそこには、「ロゴスのうちに生命があった」（ヨハネ一・四）という言葉が、奇しくも呼応しているのである。

「キリストの体」としてのエクレシアへの参与

かくして、それぞれの人は自らの境遇や状況の中、何らかの善きわざ・行為を為すことによって、自己と他者とが相俟って「霊的かつ全一的な交わり（エクレシア、教会）」に参与してゆくべく招かれている。そのことは古来、エクレシアという語の本義が示すところであった。すなわちエクレシアとは、とりわけ使徒パウロ以来の意味合いとしては、自らの存在根拠たる神に呼びかけられている人間が、自由・意志にもとづいて善く応答してゆくことによって形成されるような、「見え、かつ見えざる霊的・全一的交わり」なのである。このことについて、代表的な箇所を二、三挙げておこう。パウロは周知のごとく、次のように語っている。

われわれは一つの体・身体のうちに多くの部分（肢体）を持っていても、それぞれの部分が同じ働きをしているのではない。それと同様に、われわれ多くの人はキリストにあって一つの体であり、各々の人は互いに対して部分なのだ。われわれは自らに与えられた恵みに応じて、それぞれが異なる賜物を持っているのである。（ローマ一二・四―六）

体は一つであっても多くの部分を持っているように、また体のすべての部分は数は多いが、体は一つであるように、キリストの場合も同様である。……あなたたちはキリストの体である。そして、それぞれの人がその部分なのである。（一コリント一二・一二、一七）

教会（エクレシア）はキリストの体であり、すべてにおいてすべてを満たしている方（神）が満ちている場である。（エフェソ一・二三）

こうした表現は極めて意味深く、また神秘的なものである。本書では詳しく論じることができないが、簡潔に次のように言うことができよう。エクレシア（全一的交わり、教会）とは、恐らくは時代、民族、場所などを超え、「見え、かつ見えざるかたちで」歴史を貫いて現存しているものである。すなわち、ロゴス的（言語・知性的）存在者としての人間は――すでに亡き人も今在る人もすべて――、自らの根底に呼びかけている神に対する「意志的聴従に従って」神的エネルゲイア・プネウマを受容し、自他が相俟って「神性の霊的・全一的交わり」（エクレシア）に参与してゆくことができるであろう。

キリストの受肉とわれわれの受苦との関わり

ところで、証聖者マクシモスは先に引用した言葉に続いて、次のような驚くべき洞察を示している。

> もし憐れみを必要としている貧しい人が神であるのなら、それは、われわれのために貧しくなった神の降下（受肉）（フィリピ二・七）のゆえである。すなわち神は、それぞれの人の受苦（パトス）を自らのうちで同苦（シュンパトス）という仕方で受容し、それぞれの人の受苦の類比（アナロギア）に従って、つねに善性（神性）によって神秘的に受苦（受難）を蒙っているのである。（『神秘への参入』PG九一、七一三B）

これはまことに意味深重な言葉であるが、そこに秘められた謎・神秘（現実以上の現実）をめぐって、次にいささか吟味・探究してゆこう。そこでまずは、前章で「十字架」について述べたことの要となる部分を、改めて確認しておきたい。

キリストの受難（十字架）は確かに歴史的な出来事である。しかし、マクシモスの象徴的かつ哲学・神学的解釈によれば、「キリストが十字架につけられること」と「われわれが十字架につけられること」との間には、微妙な相関的関わりが存する。そのように言いうるのは、十字架というものを「不受動心（情念からの解放）」や「自己否定」といった働きの象徴として捉えることによってであった。そしてそれは、とりわけパウロ書簡の言葉の解釈として提示されていたのである。

ちなみに、先の引用文と同様の文脈において、パウロは次のように語っている。「キリストはエクレシア（全一的交わり、教会）の頭であり」（エフェソ五・二三）、「あなたたちは（すべての人は）キリストの体である」（同、一・二三）。さらには、「一つの部分が苦しめば（受難すれば）、すべての部分がともに苦しみ、一つの部分が栄光を受ければ、すべての部分がともに喜ぶ」（一コリント一二・二六）という。(3)

そこで、今一度注目すべきは、「われわれが何らかの受苦を従容と受けとめること」の、そして「何ほどかの不受動心と自己否定によって、僅かなりとも善きわざを為すこと」の可能根拠として、「キリストの十字架（受苦）の範型的エネルゲイア」が恐らくはその都度の今、われわれに現前してくるということである。すなわち、既述のごとく、「至高の存在（イエス・キリスト）は、霊において十字架につけられるわれわれを通して、十字架につけられる」（『難問集』一二八五B）とあるが、そのことによって「自己否定の範型的エネルゲイア」をわれわれにもたらすのである。

そうした事態が語られる際、「ロゴス・キリストの受肉と十字架（受難）と復活」とは、教父たちの眼差しにおいては、いわば同時的なこととして一体的に働くものと捉えられている。が、そのことは、改めて強調するとすれば、「キリストとの出会い」、あるいはむしろ、「キリスト自身の信（ピスティス）のエネルゲイアとの出会い」という原初的・使徒的経験からこそ、新たに見出され言語化されうることであった。

してみれば、「受肉したロゴス・キリスト」の「十字架の死を超えて甦り現前する働き」が、われわれの小さな自己否定の働き・わざ（何らかの十字架）の可能根拠として、時と処とを超えて「今、ここに」生成・顕現するであろう。もとより、ロゴス・キリストのそうした神的働き（エネルゲイア・プネウマないし神人的エネルゲイア）は、必然的に生起するのではなく、われわれの側の意志的聴従と信との測り・度合いに従って、その分だけ顕現してくるのである。それゆえそこには、とりわけ東方教父の伝統が注視してきたように、「神的働きと人間的自由の働きとの不思議な協働（シュネルギア）」が存しているのであった。

既述のごとくマクシモスは、キリストの十字架と復活という事態のうちに――それは内実としては、死をも凌駕した「真の生命のエネルゲイアの現前」ということであろうが――、永遠と時間との神秘的な出会いと交流（ペリコーレーシス）とを洞察していた。(4) 言い換えれば、マクシモスは十字架の歴史性と身体性とを尊びつつ、自己否定（無化）の範型的エネルゲイアがそれに聴従する人に、その都度の今、現前してくることを見つめていたのである。そして、今一度言うなら、永遠と時間とのそうした出会いが「自らのうちなる神的エネルゲイアの現存」として経験されるとき、はじめて「真の歴史性」が生起するであろう。

三　受肉の現在　神の憐れみの先行

「もはやわたしが生きているのではなく、わたしのうちでキリストが生きている」（ガラテア二・二〇）というパウロの鮮烈な言葉は、本書における当初からの探究のいわば中心的位相を指し示すものであった。それは既述のごとく、証聖者マクシモスの解釈によれば、自由の放棄を意味する言葉ではなく、かえってキリストの働き（霊）に対する人間の「意志的聴従」を示しているという。そして、その範型として現存しているのは、イエス・キリスト自身の「父なる神への聴従（従順）」（フィリピ二・八）なのである。

ところで、その文脈にあって「父なる神への聴従」とは、「イエス・キリスト自身の信（ピスティス）」とも解されること、すでに述べた通りである。それゆえ、「キリスト自身の信の働き（エネルゲイア）」がキリストに出会った使徒たち（および後の幾多の人々）にとって、「自己否定（ないし不受動心）の範型的エネルゲイア」として、さらには「真の生命のエネルゲイア」として現前したと言えよう。そしてそれは、彼らの存在と生とを根本から変容・再生させ、すぐれて甦らせた（復活させた）のである。甦り・復活ということの、われわれにとっての第一の意味と場（対象）は、恐らくそこに存しよう。それゆえにまた、信（ピスティス）とは「神的エネルゲイア・プネウマの宿り・顕現」であろうが、そうした信は、マクシモスにあって「われわれの無知によって殺された神の、われわれのうちなる最初の復活だ」（『神学と受肉の摂理とについて』、Ⅳ・七〇、『フィロカリア』Ⅲ所収）と捉えられていたのである。

「善く意志すること」の可能根拠を求めて　ロゴス・キリストの先在

ただそれにしても、右に述べたことの成立には、一見すると、次のようなある種の循環が潜んでいると思われよう。

（i）一方では、「神的エネルギイア・プネウマ」の、あるいは「ロゴス・キリストの神人的エネルゲイア」の受容と宿りは――それが「生の根底的変容をもたらしたのだが――、単に一方的な天下りの出来事ではなく、神的働き・エネルゲイアに対するわれわれの「意志的聴従」を介して、また「善く意志すること」を介して、現に生起しうるであろう。

（ii）しかし他方、意志的聴従や善く意志することは、「自由の深淵」を抱えたわれわれにとって実は至難のことであって、神的エネルゲイア・プネウマを受容し分有してこそ、現に成立しうるであろう。なぜなら、人間的自由・意志は、いわば負の可能性として、「悪しく意志すること」、「神に対して意志的に背反すること」(＝罪)の方向にもつねに晒されているからである。(創世記第三章のいわゆる「原罪」の根本的意味も、右のような「意志の構造そのもの」に存した。)

こうした(i)と(ii)とは、確かに一種の循環に陥るように見える。しかし、それがいわゆる無限遡行(ないし限りなき循環)に陥ってしまうことはありえないであろう。というのも、もしそのように、成立根拠を求めて無限に遡行するばかりで、確たる根拠がついに存在しないとすれば、具体的な他者との関わりという身近な場面で、僅かに「善く意志すること」も「善きわざを為すこと」も、われわれにとって現に成立しえないということになるからである(5)。

このように言えるとすれば、「神的エネルゲイア・プネウマ」ないし「ロゴス・キリストの神人的エネルゲイア」は、恐らくはすべてのこと、すべての意志的働きに先んじて「つねに」現存し、しかも歴史上の「あるとき」意志的聴従の度合いに従って現前して働くのでなければなるまい。それはまさに、「神の愛(アガペー)」、神の憐れみの先行」といった言葉で指し示される事態だと思われる。

そして、そのことはさらに、「ロゴス・キリストの先在」、あるいは「受肉の現在」とも呼ぶべきことを証示しているであろう。それはいわば、「創造の神秘」に関わることであるが、ここに想起されるのは、「エフェソ人への手紙」と「コロサイ人への手紙」に語られている、次のような驚くべき表現である。

神は世界の創造に先んじて、われわれをキリストのうちに選び……御旨のままにイエス・キリストを通し

て愛によってわれわれを養子にしようと、あらかじめ定めた。（エフェソ一・四―五）

神の子（イエス・キリスト）は、見えざる神の似像（エイコーン）であって、すべての被造物に先んじて生まれた者である。……子ははじめ（根拠）であり、諸々の死者から最初に生まれた者である。（コロサイ一・一五、一八）

これらは、まことに壮大な宇宙論的表現である。そこではイエス・キリストは、二千年前の一人の人たることを遥かに超えて、創造のはじめ（根拠）として語られている。[6] そして、そうしたキリストを通して、すべての人が「神の子（養子）」となるべく定められ、招かれているという。しかもまた、真に「神の似像（似姿）」たるキリストは、「すべての被造物に先んじて生まれた者」であるとともに、「死者から最初に生まれた者」だと語られている。

こうした言葉は、もちろん常識的な時間把握（表象）を超えたものであり、解釈が容易ではない。それについては、後にマクシモスの言葉に即して少しく考察することとし、まずはあらかじめ次のことを確認しておこう。

神的エネルゲイア・プネウマないし神人的エネルゲイアの、「すべてに先んじる現存」や「ロゴス・キリストの先在」、「受肉の現在」といった事柄は、これまでの論述からして、現実の具体的経験から離れた、ある種の形而上学的思弁によって形成されたものではあるまい。かえってそれらのことは、「キリストとの最も原初的かつ霊的出会い」の経験から発見され、語り出されてきたものであろう。

すなわち、改めて強調しておくとすれば、「受肉したロゴス・キリスト」、「その十字架と復活」、そして「イエス・キリストによる万人の罪の贖い」などについての教理的表現にしても、神人的エネルゲイアとの出会いによって生起した「生の根底的変容」や「新しい人の誕生」といった如実な経験の中から、その根底に現前している神的働きを注視し観想することによって、つまりいわば「神と人間との何らかの実在的関わり」への洞察によって見出され、「それ」として言語化されたと考えられよう。従ってそれらのことは、エフェソ書、コロサイ書の先の表現なども含めて、現代の実証的聖書学の類が主張するような、「生前のイエスの与り知らぬ、後から造られた思想」などではないのである。

ところで、右に述べてきたことと密接に関わることとして、証聖者マクシモスはいみじくも次のように語っていた。

> 神のロゴス（キリスト）がわれわれのために、人間本性の弱さによって十字架につけられ、また神の力によって復活せしめられたのならば、ロゴスは明らかに同じことを、つまり受肉と復活とのわざ（働き）をわれわれのために今も霊的に為している。それは、われわれすべてを救うためである。（『神学と受肉の摂理とについて』Ⅱ・二七、『フィロカリア』Ⅲ所収）

この文中の「今」は、極めて意味深重である。というのも、その「今」は文脈上、歴史上のあらゆる「今」であり、それゆえにまた、時代、民族、場所などを超えて、しかも現にその都度新たに顕現してくる「今」もあるからだ。このことに関してマクシモスは、ナジアンゾスのグレゴリオスの『神学講話』の第三講話の言葉を引きつつ、以下のように敷衍して語っている。

かのお方（独り子たる神）は、今はあなた（人間）によってなみされているが、かつてはあなたの上に在った。すなわち、かつては明らかに、すべての時間と自然・本性（ピュシス）との彼方に、それ自体として在った。しかし今は、〔受肉によって〕あなたのためにそれら両方に服したものになろうとした。……今〔ロゴスは〕思惟的魂を有する肉を摂取し、かつてなかったもの、つまり「ヒュポスタシス（個的な現実）として〔神性と人性との〕複合したもの」が生じたのだ。が、その際、〔ヒュポスタシスたるロゴス・キリストは〕かつて在った単純な自然・本性（人性）をなおも保持している。それは、人間としてのあなたを救うためである。……すなわちロゴス（キリスト）は、ヒュポスタシス的な同一性によって〔罪は別として〕肉（人間本性）を摂取し（ヨハネ一・一四参照）、神化させたのである。（『難問集』一〇四〇A—C、邦訳一一一—一二頁）

このように「かつて」と「今」が鮮やかに対比されているが、そこでの「かつて」とは、二千年前に「神なるロゴスが受肉・誕生した」とされる過去のことではない。もとより、ふつうには「受肉の出来事」も「信そのものたるキリストの到来」（ガラテア三・二五）も、現在から二千年ほど前のことと看做されよう。しかし、右の文脈における「かつて」とは、ある意味で、いわゆる受肉に先んじて、「ロゴスがはじめに在り、神とともに在り、神で在った」（ヨハネ一・一）という、いわば「超越的な今」のことであろう。

従って、そうした「先在のロゴス」は、本書の探究方向からすれば、単に対象的・客体的に存在していると言うべきではない。かえってそれは、既述のごとく、「受肉したロゴス・キリストの働きたる神人的エネルゲイアの経験」から、「ヨハネ福音書」の語るような「ロゴス・キリストの超越的現存」が証しされ指し示されてくる

と考えられよう。(7)

ただ、そのことをあえて対象的に分節化して語るなら、「永遠のロゴスが先在し」、それが時至って「二千年前に受肉し（人間となり）」、さらには「受難と十字架の死を超えて復活して」、その働き・霊（エネルゲイア・プネウマ）が「それを信じ聴従する人に歴史的に現前してくる」……といった物語り風の語り口となろう。そうした事柄は、これを素朴に、かつ謙虚に受けとめるなら、恐らくそれで十分であろう。が、その際、われわれの心に「今」という時の不思議さが映じてくると思われる。すなわち、マクシモスの先の文脈では、「二千年前の今」と「自らが生きているその都度の今」と、さらには「創造のはじめ（根拠）としての今」とが、微妙にかつ神秘的に、いわば同時性として通底しているのである。

創造と受肉の神秘との前に

さて、パウロならパウロが「神的エネルゲイア・プネウマないし神人的エネルゲイアに出会い、それを受容し宿した経験」（すなわち「信」の成立）は——それは可能性としては、すべての人の経験でありえようが——、「人間探究＝神探究」の端緒であり、まずは第一の現場であり対象であった。

そうした原初的出会いの経験からこそ、その根底に現前し働いている神人的エネルゲイアの「主体・源泉」（つまりロゴス・キリストの受肉存在）が、一つの確信とともに証しされ、指し示されること、すでに述べた通りである。ただもとより、ロゴス・キリストのウーシア（実体・本質）は、知られざる超越に留まり、そのエネルゲイア（働き・わざ）が経験され、何らか知られるに過ぎない。ここにとりわけ想起されるのは、イエス・キリストの次のような言葉である。

もしわたしがわたしの父のわざを為しているのなら、たといわたしを信じなくとも、そのわざを信じよ。そうすればあなたたちは、父がわたしのうちにおり、わたしが父のうちにおることを知りまた悟るであろう。（ヨハネ一〇・三六）

父がわたしの名において送る聖霊（聖なるプネウマ）は、あなたたちにすべてのことを教え、またわたしがあなたたちに言ったことをすべて思い出させるであろう。（同、一四・二六）

してみれば、先に引用した「エフェソ書」などの言葉についても、次のように言えるであろう。すなわち、「神は世界の創造に先んじてわれわれをキリストにおいて選んだ」（エフェソ一・四）とか、「神の子イエス・キリストは見えざる神の似像であって、すべての被造物に先んじて生まれた者であり、また諸々の死者から最初に生まれた者である」（コロサイ一・一五）とかいう宇宙論的表現も、単に大仰な論理的思弁によって導出されたものではあるまい。むしろそれらは、くだんの原初的・使徒的経験のうちに生起した「現実以上の現実」（すぐれて神秘的なもの）、つまり「神的働きと人間的働きとが出会って交流しているようなヒュポスタシス的事態」を注視することによって、遥かに証示されたものと考えられよう。

言い換えれば、「創造に先んずるキリストの先在」、「死者から最初に生まれた者」などの言葉にしても、そうした存在が単にわれわれの外に対象化され祭り上げられてはならないであろう。むしろ、今一度言うなら、キリストについてのそうした表現は、使徒たち（生身の人間）の「生の根底的変容」、「真に生命ある姿への甦り（復活）」といった経験の中から、そこにいわば超越的かつ内在的に現前している神人的エネルゲイアを洞察することによって発見され、すぐれて言語化されてきたのである。

かくして、マクシモスの先の文脈からすれば、「受肉したロゴス・キリストの現存」は、かつて二千年前の「今」、使徒たちの「キリストの働き・エネルゲイアとの出会い（カイロス、瞬間）」において証示された。そして、それは同時に、われわれが「それ」に向かって、絶えず「より大に」（＝より善く）与ってゆくべき「完全性のかたち」として、すなわち「神性と人性とのヒュポスタシス的結合」（神人性存在）として、今も現に働いているであろう。

実際、この点に関して、先の引用文に、「ロゴスはヒュポスタシス的な同一性によって肉（人間本性）を摂取し、神化させた」とある。（そうしたことについては、本書の第二章でテキストに即してやや詳しく吟味した。）ここでさらに注目しておきたいのは、それに続く文脈において、「神への道行き」の中心線が次のように洞察されていることである。

> その際、神自身は、自らの無化（ケノーシス）（つまり受肉）にもとづいて（フィリピ二・六―九参照）、恵みによって救われる人々の神化（テオーシス）（神的生命への与り）を知っていた。彼らは全体として神的かたちとなり、全体として神を受容し、神においてのみ安らうであろう。そしてそれこそは、この約束（福音）が真に成就するであろうと信じる人々が、それに成らんとして熱心に努めるべき完全性なのである。（『難問集』一〇四〇D、邦訳一三頁）

この一文は、「人間の神化への」、あるいは「人間的自然・本性の開花・成就への」道行きの成立の機微を、明確に語っている。つまり、そのことの可能根拠は、一言で言うなら、「受肉したロゴス・キリストのエネルゲイア・プネウマの現前とその受容」であろう。が、そうした「人間の神化への道行き」は、われわれにとって決して完結することなく、神の徹底した超越性のゆえに、無限なる神性・善性に開かれた動的構造のうちにある。

従ってそれは、すでに言及したような三つの本質的契機を有している。そしてそのことは、創造と時間という問題の恐らくは中心的位相を指し示しているのである。すなわち、

（ｉ）かつての（二千年前の）「今」、真に現存し働いていたものは、

（ⅱ）創造のはじめ（根拠）としての「今」において現存し（創世記一・一、ヨハネ一・三、コロサイ一・一六など）、

（ⅲ）それゆえにこそ、歴史上のいかなる「今」においても、その都度新たに生成し顕現しうるであろう。

とすれば、使徒たちの「今」、「信の範型たるキリストとの根源的出会い」において現前した神的エネルゲイア・プネウマ（神人的エネルゲイア）は、いわば同時的に、歴史上すべての人の「今」においても現前し、「魂・人間の信というかたちとして」、「諸々のアレテー（善きかたち、徳）として」、またとりわけ「アレテーの結合たる愛（アガペー）として」、この有限な時間的世界に生成・顕現してくるのである。そしてこのことは恐らく、人間の原初的創造そのものの「今」に通底しているであろう。

ともあれ、証聖者マクシモスの言葉に導かれていささか問い進めてきた拙い探究は、「神の憐れみの先行」、「受肉の現在」という不可思議な事態を臨むところに至った。それゆえ、ここにおいてわれわれは、時と処とを超えた「ロゴス・キリストの現存」の前に、そしてつまり「受肉の神秘」の前に改めて立たされることになるの

である。

第六章　神的エネルゲイア・プネウマの現存に思う

――探究の道を振り返って――

前章までは、「受肉の哲学――原初的出会いの経験から、その根拠へ――」という主題のもとに、それと密接に関わるさまざまな問題を多少とも吟味・探究してきた。そこで以下においては、その全体を自分史風にやや自由に振り返りつつ、われわれの「神への道」ないし「神化（神的生命への与り）への道行き」の根底に、恐らくは今もいつも現存している「神的働き・霊（エネルゲイア・プネウマ）」に改めて思いを潜めておこう。

著作の動機と意図

まず、今回の著作に取りかかるに至った一つの動機と意図について、わたし自身の越し方を思い起こしながら少しく述べておく。

わたしはキリスト教とは縁のない家庭に育ったが、高校の終り頃からキリスト教というものが気になっていた。それで大学入学後、東京での下宿先の近くでたまたま教会の尖塔を目にし、その教会（聖公会系）に通いはじめた。思えば、幼少の頃から――誰しものことであろうが――自我と死とについて人知れず思い悩むことがあり、そうしたことが素地としてあったのであろう。

それから一年ほどして、ふとした機縁で、本郷・西片町にある「同志会」という明治時代から続く家庭的なキリスト教関係の寮に入った。当時それは耐久年数零の、旧制高校然とした木造の建物であったことも、妙に気に入ったのである。そこで出会った高瀬恒徳、小西芝之助というお二人の牧師さんは——お一人は聖公会、もうお一人は内村鑑三門下で、しかも日本キリスト教団の教会におられたが——、一方は含蓄ある語り口で、他方は河内弁丸出しの鮮烈な口調で説教をして下さり、初心な者にはいたく身に染みる話であった。また、石館守三という、寮の大先輩で当時の理事長の先生は（薬学界の大御所であったようだが）、何やら激職の中、金曜会という寮生の集いによく出席され、自然科学（学問）と信仰との両立すべきことを泰然と語っておられた。

その後わたしは、元来の気質であったのであろうか、いっそう根源に遡りたいという思いに駆られてカトリック教会に移ることになる。その際、ヘルマン・ホイヴェルス神父という方（四谷のイグナチオ教会の主任司祭で、かつて上智大学の創設にも関わったとか）のお世話になった。「知る人ぞ知る」まさに聖人のようなお人であった。いずれの方々も、今の世になかなか稀有な存在であったように思う。そのことは、年月が経つにつれていっそう如実に感じられる。そして、当時のことは折に触れて懐しく思い起こされ、数十年を経た今、改めて感謝の念を禁じえないのである。

さて、イエス・キリストが「神であり、また人である」とか、「自らの十字架によって、万人を罪から贖った（救った）」とかいう、キリスト教の教理的な事柄については、当初からいろいろと耳にしていた。しかし、とくに「イエス・キリストが神であり人間でもある」という一見不合理とも思われることが、「なぜ分かるのか、知られうるのか」という疑問は、依然としてわたしの心に燻っていた。「それは信じるほかないこと」であり、「信仰は与えられるもの」とされても、「信・信仰とはそもそも何なのか」という問いは、なおも問い抜かれるべきものと思われたのである。

こうしたことは、当時のわたしにはある種のコンプレックスとして意識されていたように思う。では、大学卒業の頃、なぜ洗礼を受けることにまで踏み込みえたのかと言えば、一つの動機としては、たとえば先述のような方々の姿にまみえて、「こうした人を真に生かしている道にならば自らを委ねてもよい」という風に感じたのであろう。

今の言い方なら、すでに述べたように、神的エネルゲイア・プネウマ（あるいは神人的エネルゲイア）のもたらしたアレテー（善きかたち、徳）の実際の姿が、神の存在を、またつまりは「ロゴス・キリストの受肉存在（神人性）の働き（エネルゲイア）」を証ししていたのである。そして、「神の子、イエス・キリストの受肉などということは自分には分からない、知りえない」というかつてのコンプレックスは、その後、東方・西方の教父たちの文脈に親しんでゆくにつれて、より積極的に問題性として担ってゆくべきものとなっていった。なぜなら、「ロゴスの受肉」（ヨハネ一・一四）という、永遠と時間とが交わり、現にヒュポスタシス（個的な現実、ペルソナ）として生成・顕現してきたような事態は、単に対象知として限定され知られうるものではないからである。それゆえ、一言で言うとすれば、「ロゴス・キリストの受肉、神人性」というキリスト教教理の根本に関わることは、神的かつ人間的な神人的エネルゲイアの確かな経験の中から、すぐれて「信（ピスティス）の成立」において、またそれとともに何らか知られ、証示されるべきことであろう。

ここに想起されるのは、「イエス・キリストは、その顕現の後にも〔ウーシア（実体・本質）としては〕隠されている」という証聖者マクシモスの言葉である。それは、「キリストの神秘（語りえざるもの）」を指し示しており、「ウーシアとエネルゲイアとの峻別」という、われわれの神経験の真相を見つめた言い方であった。そして、より積極的には、「信とは、復活（甦り）の最初の姿だ」とも言われていた。すなわち、「神的エネルゲイア・プネウマを受容し宿したものとしての信」は、十字架の死をも否定し凌駕して復活した「キリストの（働きの）生成・顕現してきたかたち」であり、その意味では「復活（生き生きとした甦り）の姿」を証示しているのである。こうしたその名に値する「信」とは、もはや特殊な宗教の通俗的かつ学的枠組の中で言挙げされるべきものではなく、恐らくはより普遍的に「人間の真実」を、あるいは「わたし・自己の成立」、「他者との全一的交わりの成立」の中心的場面を指し示すものであろう。

証聖者マクシモスにおける「伝統の継承と展開」

神的なエネルゲイアないしプネウマ（霊）については、東方・ギリシア教父の伝統にあって、たとえば四世紀、「カッパドキアの三つの光」たるバシレイオス（三三〇頃―三七九）の『書簡』四やニュッサのグレゴリオスの『大教理講話』といった著作に、基本的表現が見られる。しかし、歴史的な流れ・大勢としては、「カルケドン信条」（四五一年）の成立の後、とくに証聖者マクシモスの時代になってから、エネルゲイアへの注目が際立ってきたと言えよう。

ところで、周知のように「ニカエア信条」（三二五年）では、アタナシオス（二九五頃―三七三）の多大な尽力によって「イエス・キリストは真の神であり、かつ真の人間である」という把握が正統なものとされた。それを承けて、続く時代においてはさらに、「神性と人性との結合様式」が新たに吟味・探究されることになる。その結果――それは相当に険しい論争過程を経てのことであったが――、「カルケドン信条」（四五一年）においては、大略、「神性と人性とは不可思議な仕方でヒュポスタシス（個的現実、位格）に即して結合し、ヒュポスタシス・

キリストが存立している」というふうに語られた。しかし、そうしたキリストの存在は、決して対象的な知（限定）にもたらされえず、われわれはあくまで、その無限なる現存の境位・場に開かれゆくばかりなのである。

ここにとりわけ注意すべきは、「カルケドン信条」の中心的部分が、いわば徹底した「否定の調べ」によって貫かれていることである。すなわちそこでは、「イエス・キリストにおける神性と人性との結合」が語られていても、両者は「融合せず、変化せず、分割せず、分離せず」不可思議な仕方で結合し、一つのヒュポスタシス・キリストへと共合しているという。そうした四つの否定辞は、簡明に言うとすれば、「ロゴス・キリストという受肉存在（神人性）」のウーシア（実体・本質）が無限なるもの、知られざるものであることを、否定を介した間接的な表現によって浮彫にしていると考えられよう。

ともあれ、「カルケドン信条」という一つの結節点ともなった時期以降、神性と人性との結合関係をめぐる問題は、とりわけ証聖者マクシモスにあって「エネルゲイア」と「意志」という言葉を中心軸として、新たに問い直され吟味されていった。そうしたマクシモスのロゴス・キリスト論は、キリスト教の歴史上、恐らく最も重厚なものであり、一つの規範的表現に達していると思われる。それゆえ、その主要部分を本書の第二章で一まとめし、それに続く論述の土台として提示したのである。

そこで改めて大局的に言えば、マクシモスは、「カッパドキアの三つの光」たる教父たち、とくにナジアンゾスのグレゴリオスとニュッサのグレゴリオスに深く依拠し、また「カルケドン信条」の精神を継承しつつ、さらにディオニュシオス・アレオパギテースなどの文脈を援用して、自らの論を大きく展開している。ただその際、マクシモスは殊更に新しい説を主張したのではなく、数世紀にわたる東方・ギリシア教父の伝統を全体として継承し、ゆたかに註解し敷衍している。その結果としてマクシモスは、はじめに述べたように、東方教父の伝統の実質的な「集大成者」となり、また後に「ビザンティン神学のチャンピオン」と称されることになる。

そして、そうした証聖者マクシモスの哲学・神学は、教父の伝統の特徴として言えることだが、ヘブライ・キリスト教の伝統が古代ギリシア哲学の伝統を「受容し、拮抗しつつ、超克していった」という基本性格を有している。従ってそれは、ヘブライ・キリスト教と古代ギリシア哲学という二つの大きな思想潮流の出会いと統合という姿を示しており、歴史上いわば「未曽有の思想的ドラマ」の縮図でもあったのである。

人間の創造（生成）の目的——神（善）の顕現のかたち

神的エネルゲイアないしプネウマ（霊）は、より手前から見るなら、有限なすべての存在物（自然・本性）のうちで、それらの生成（創造）を可能にした根源的力として現存し働いているであろう。そうした根源的力は、創造の根拠としての「神なるロゴス」（ヨハネ一・三）の働きである。それはまた、聖霊の働きでもあろう。つまり神的エネルゲイアないしプネウマは、諸々の存在物にあって多くの要素的なもの（部分）を結合して一性を与える（存立させる）根源的結合力として現存していると考えられる。

ともあれ、存在物（被造物）の生成・創造は——それは全体としては、無限なる神（善性・神性）に開かれた動的かたち、ダイナミズムを有しているが——、主として次のような三つの階梯として示されよう。

（i）第一に、無生物、生物、植物、動物そして人間などの存在物は、神的ロゴスによって根拠づけられた（創られた）ものだが、それぞれの限定されたかたち（形相ないし本質）という器のうちに、無限な存在（「わたしは在る」たる神・ヤハウェ）（出エジプト三・一四）の働き（エネルゲイア）を何ほどか宿している。それゆえ、パウロの周知の言葉によれば、諸々の被造物は、それぞれの小さな分（かたち）を通して「神の永遠の力と神性」

を証しし、指し示している（ローマ一・二〇）。また、そうした被造物は全体として、神的エネルゲイア・プネウマの「分有の階梯」を形成していると言えよう。

（ⅱ）第二に、ロゴス的（言語・知性的）存在者たる人間は、他のすべての存在者に名を与える。つまり人間は、「諸々の実体（自然・本性的事物）の最後に生ぜしめられた者」として、他のすべてを包摂し全一的かたち（広義のエクレシア、教会）にもたらす役割（分）を与えられている。この点について、証聖者マクシモスは人間のことを「自然・本性的紐帯」と呼んでいる。すなわち、人間はくだんの五つの異なりの両極に関わっており、「それらを結合・一性へともたらす力を有している。」そしてその力によって、「分割されたものの完成される道が可能となり、神的な目的の偉大な神秘が顕現してくる」という（『難問集』一三〇五B、邦訳三〇二頁）。（ここに五つの異なりとは、神と被造物、思惟的なものと感覚的なもの、天と地、楽園と人の世、そして男性と女性、のことであった。）

ところで人間は、自らのうちに無生物、生物、植物、動物などの諸要素をすべて有し、それらを統合して生きている。ロゴス的・知性的な働き（力）（ないし人間的魂）が、そうした結合・一体化の役割を担っている。が、もとよりそれは、全き自存的働きではなく、無限なる神的ロゴスの働き（エネルゲイア）によって、恐らくは絶えず持続的に支えられてこそ、自らも働きえているのである。

ちなみに、人間（人間精神）のロゴス的・知性的働きはアウグスティヌスの文脈に即して少しく附言しておくと、「精神、知、愛」ないし「記憶、知性、意志」という三一的な働きである。（それは、「父、子、聖霊」という三位一体の似像として吟味・探究されている。）そうした人間精神の三一的働きは、諸々の身体的要素・力を生かし、一に統べている。それゆえ人間においては、動物以下の存在物とは次元を異にした高次の結合力が働いており、いわば一性（存在性）のより高い存在秩序が現出している。

またその際、アウグスティヌスによれば、たとえば「感覚の三一性」や「記憶の三一性」といった身近な事柄の成立において、意志の働きは根源的結合力として働いており、「何らか聖霊のペルソナを暗示しはじめる」（『三位一体論』第一一巻第五章）とされている。

（iii）しかし、先に言及した「自然本性的紐帯」としての人間の働き（分、役割）は、われわれにおいてすでに成就しているのではない。それは本来はさらに、無限なるもの（神性・善性）へと絶えず開かれゆくような「アレテー（善きかたち、徳）の形成」へと定位されている。言い換えればアレテーとは、神の、あるいは神的エネルゲイア・プネウマの「いっそう高次の顕現の姿」であろう。既述のように、「神は諸々のアレテーによって（において）身体化してくる」とされるゆえんである。

ただそれにしても、人間は誰しも、自由・意志を介して悪や罪に陥る可能性を抱えている。証聖者マクシモスの文脈では、罪（ハマルティア）とは「神への意志的背反」であり、それによるわざ・行為であった。そして、それは同時に、「自らの自然・本性に背反するわざ」でもある。ここに注意すべきは、そうした「神への、また自らの自然・本性への背反たる罪のわざ」が、「在ることの欠如」たる非存在のかたちを行為の主体たる魂・人間自身に刻印してしまうということである。なお、悪とは、自由・意志の転倒した悪しき働きによって生じた「善の欠如したかたち」である。そうした悪がさらに「根拠たる神への背反」として捉え直されるとき、罪が如実に語られることになろう。

それゆえ人間は、いわば自由の構造に否応なく伴うものとして、「負の可能性」を抱えて生きてゆかざるをえない。そして実際、われわれの現にある姿もこの世界も、往々にして何らかの悪意、恨み、妬み、あるいは争い、分裂などによって、さまざまな頽落や罪を抱え込んでいる。しかし、端的に言うなら、そのことは同時にまた、人間的自然・本性の「より善き変容・再生」の可能性をしも、いわば逆説的な仕方で証示していると考えられよう。

すなわち、自由を有するがゆえに人間のみが試練を受けるが、それははなはだ逆説的意味を有している。この点、「砂漠の師父」の代表者たるアントニオス（二五一頃―三五六、東方修道制の父）は次のように言っている。

人間の偉大なわざとは、神の前で自分の過ちを凝視し、最後の息を引き取るまで試練（誘惑）を覚悟していることである。（『砂漠の師父の言葉』アントニオス・四）

試練を受けない人は誰も、天国に入ることはできない。……試練を取り除いて見よ。そうすれば、何人も救われることはないであろう。（同、アントニオス・五）

それに対して動物は、与えられた本能（自然・本性）に忠実に生きているだけで、自らの意志によって罪を犯すことはない。つまり動物は、自らに固有な種（形相）を存続させてゆくという一点に向かって、あらゆる営みを為している。だが他方、人間は自由・意志の悪しき働きを介して、自己自身に悪（善の欠如）のかたちを刻印し、さらには「神への背反」としての罪に陥ってしまうのである。

しかし、そうした罪（非存在のかたち）が否定され浄化されるなら、そこにはじめて、「アレテー（善きかたち）」ないし「善く在ること」が生起しうるであろう。それは今一度言えば、この有限な時間的世界における「善（神性・善性）の顕現したかたち」であり、「新しい人の誕生」でもある。すなわち、いわゆる自然界には善も悪も未だ潜在的に在るのみであって、その現出は、人間的自由の働きを介してはじめて現出しうる。これを要するに、われわれが試練を受け、罪を犯す可能性があるということは、同時にまた、われわれが自らの限定された形相（人間本性）を変容・開花させ、「無限なる神（「在りて在る」存在、超越者）の似像」に成りゆく可能性を、まさに逆説的に証示しているのである。

「善く意志すること」、「善くあること」の成立根拠――ロゴス・キリストの働き

右に概観したような「創造（生成）の三つの階梯」は、全体として見るなら、われわれにとって絶えず志向し求めてゆくべきものであり、無限性（＝神の名）に開かれた動的な構造のうちにある。それゆえにまた、われわれが「自然・本性の開花・成就」や「アレテーの形成」、そしてつまり「神化（テオーシス）（神的生命への与り）」の道行きを歩むことは、「絶えざる生成」、「不断の創造」という基本性格を有することになる。

そこには「存在論的ダイナミズム」とも呼ぶべき動性が漲っているが、そのことについてはつとにニュッサのグレゴリオスが、『モーセの生涯』や『雅歌講話』などにおいて旧約の言葉の象徴的・哲学的な解釈を通して、すぐれて吟味し探究しているのであった。そして証聖者マクシモスは、既述のように、そうしたニュッサのグレゴリオスなど先行の教父たちの伝統を継承し、ゆたかに敷衍し展開しているのである。

ところで、神による世界創造とは、必ずしも単に過去に生起した出来事ではなく、むしろほかならぬ人間の意志的働きを通して、いわば現に「今、ここに」生じつつあるものと言うべきであろう。確かに、「不断の創造」などという言葉は、多分に大仰なものとも思われよう。しかしそれは、内実としては恐らく、われわれの根源的な意志の働きを介して、見え、かつ見えざるかたちで生起してくると考えられよう。そしてそこに、「自由の謎・

神秘」が潜んでいるのである。

さて、改めてとりわけ注意すべきは、本書の中心的主題に照らせば、次のことである。「善く意志すること」は、「善く在ること、善く生きること」の、あるいは「アレテー（善きかたち）」の成立根拠として働く。だがそれは、われわれの自力のみによるのではなかった。すなわち、人間は自由に意志しているにもかかわらず、「善く意志する」という最も単純なことは、神の働きと霊、つまり神的エネルゲイア・プネウマの助けなしには生起しえないであろう。（この点、アウグスティヌスの『告白』第八巻における、凄まじいまでの自己凝視の文脈がともに想起されよう。）してみれば、そこには、「神的働きと人間的自由・意志の働きとのある種の協働（シュネルギア）」が存しているのである。このことは東方教父の伝統にあって、人間の本来的道行きの中心的な場面に関わることであった。

言い換えれば、「ロゴス・キリストの受肉存在（神人性存在）」の働き・エネルゲイアは——それは証聖者マクシモスにあって、ときに神人的エネルゲイアという語で示されているが——、われわれが「善く意志すること」ないし「アレテー（善きかたち、徳）の成立」へと僅かなりとも踏み出しうるための真の可能根拠として、かつても今も現前し働いていると思われる。従って、「ロゴス・キリストの受肉」という問題は——既述のように、キリストの十字架と復活ということの象徴的かつ哲学的な解釈とともに——、そのエネルゲイア・プネウマの具体的な生成・顕現の場面に即して問い進んでゆくなら、愛智の道行き（＝哲学）の、そして意志論のいわば最前線に位置していることが見出されるであろう。

そこで、今一度振り返って言えば、かつて使徒たちは、イエス・キリストとの出会い（カイロス）によって神的エネルゲイア・プネウマを受容し、「愛の傷手」（雅歌二・五）を受けた。そのとき彼らは、神的エネルゲイアとのより大なる（より善き）結合・一体化を求めゆく脱自的愛（アガペー）に促されたのである。その際、そのような愛の志向する究極の目的は、「神性（善性）との全き結合」であり、「人性（人間的自然・本性）の真の開花・成就」でもある。（ここに使徒たちとは、必ずしも特異な人のことではなく、彼我の内的境位の隔たりは余りに大きいとはいえ、可能性としてはわれわれすべてなのである。）

そうした本来的道行きは、「神の似像（エイコーン）の開花・成就への道」でもある。しかしその道行きは、無限なる神（そしてつまりロゴス・キリスト）に開かれたものゆえ、有限な身体的存在者としてのわれわれにとって最後まで途上にある。かくしてわれわれは、「信（ピスティス）によって〔この世を〕歩むのであって、〔神の〕直視・知（エイドス）によってではない」（二コリント五・七）。パウロのこの周知の言葉は、およそ人生の道にあって一つの規範ともなるのである。

移りゆく生における「存在の証し」

すべてのことははかなく移りゆき、その記憶、思い出のみが残る。そして時間とは、その真相としては、決して単に客体的な量として測られ対象化されうるものではなく、「心ないし精神の拡がり、延長」だという。このことは周知のように、アウグスティヌスが『告白』の第一一巻で詳しく吟味し、語り出すところであった。

ちなみにアウグスティヌスは、「いかなる時間的な労苦、苦難も、永遠なるものとは比較さるべくもない。……人間の生の全体は、ほんの数日のようなものだ」と語っている（『詩篇注解』第三六編、説教二）。同様にまたアヴィラのテレジア（一五一五—一五八二）も、「人生はほんの二時間くらいのもの、そして〔主の教えを守るなら」、この上もなく大きな報いが待っている……」と、カルメル会の修道女たちに語り告げている（『完徳の道』第二章）。古人のこうした言葉は、人間的生と時間との真相を驚くほど直截に表しているであろう。

ところで、時間とは「精神の拡がり、延長だ」とされたが、「拡がり」と訳したラテン語は「分散」という意味合いもあり、いわば「在らぬもの」（非存在）に傾く性を有している。それゆえ、アウグスティヌスにあって、「精神の拡がり」としての時間はさらには、「真に在るもの」（神）に対する「精神の志向」へと超出してゆくべきものと洞察されている。すなわち、この意味での「精神の志向」とは、端的に言えば、魂・人間がロゴス的・意志的働きの全体によって、自らの存立根拠たる神をどこまでも脱自的に愛してゆくということにほかならない。そしてそこに、さまざまな異なりを超えて、すべての人間の最も本来的な姿が見つめられているのである。

ただもとより、われわれは、先述のような「自由の構造」からして、諸々の情念や悪、そして罪の方向にも晒されている。とすれば、自力のみによってはいかにしても、神への自己超出的な愛を働かせえないこと、すでに述べた通りである。それゆえ、ここではただ、「人間的な生の道行き」の中心線を示す一文を挙げておこう。アウグスティヌスは、『告白』での時間論の最後において、神への呼びかけとして集約的に次のように語っている。

あなたの憐れみは諸々の生に勝るがゆえに、見よ、わたしの生は分散であるのだが、あなたの右手（ロゴス・キリスト）はわたしを捉え存立させたもうた。すなわち、一なるあなたと多なるわれわれ――多の中で、多を通して分散しているわれわれ――との仲介者たる人の子、わが主において、わたしを支え存立させた。それは、今わたしが「そのうちに捉えられているその方」を、わたしが自身がその方を通して捉えるためであり、さらにはまた、一なる方（神、ロゴス・キリスト）を追い求めつつ、そのことによってわたしが古き日々より一へと取り集められるためである。その際わたしは、過去のものを忘れ、未だ来たらぬものや過ぎゆくものに分散することなく、まさに「先に在るもの」に向かって、分散せずに超出してゆき、天国の召命という褒美を得ようとして、分散によらず志向によって追求するのだ。……しかし今はなお、わたしの年々は嘆きのうちにあり、あなたこそがわたしの慰め、わたしの永遠の父である。（『告白』第一一巻第二九章第三九―四〇節）

詳細はさて措き、こうした表現は、「神への脱自的な志向・愛」のうちに――それは人間の本来的な姿でもあろうが――、そのいわば「成立根拠＝究極目的」として「ロゴス・キリスト」が現存し働いていることを洞察している。そして、そうした中心的位相に関する限りは、西方・東方の教父的伝統を代表するアウグスティヌスと証聖者マクシモスとは、根底において深く呼応し、軌を一にしている。実際、本書は主として証聖者マクシモスの文脈に依拠しつつ論を進めてきたのだが、それぞれの同根源的な、恐らく互いに通底している問題を多少とも吟味・探究してゆくとき、しばしば想起されたのは、ニュッサのグレゴリオスなど東方教父の言葉とともに、とりわけ西方・ラテン教父アウグスティヌスの言葉であったのである。

さて、われわれは誰しも、それぞれの分（運命）と境遇を生きかつ生かされているであろう。そんな中、ふと己れに立ち帰らされて、改めて自己を見つめ自己の生を問うなら、次のような素朴な問いに促されよう。すなわち、すべてのもの、すべてのことがはかなかく過ぎ去ってしまうと見える中、わたし・われわれが「真に生きた」と言いうる証しは、どこにあるのか。あるいはまた、「存在」に、つまり「わたしは在る」たる神・ヤハウェ（出エジプト三・一四）に真に関与しうるのは、何によってなのか。

思うに、この世におけるさまざまな一見善きわざ・行為も、諸々の権力、身分、学識、名声なども、もしそれだけが切り離されるなら、木の幹から切り離された枝のように枯れてしまう。それらはいわば、空しく焼かれ消失してゆくほかはない。つまり、根拠たる神（神のロゴス）に何らかつながっていなければ、人間は真に実を結ぶこと（善きわざを為すこと）ができず、さらにはまた、真に「わたし・自己として存在すること」もできないであろう。このことはむろん、「ヨハネ福音書」第一五章の「ぶどうの木の喩え」がいみじくも説き明かしている通りである（ヨハネ一五・一―一〇）。

そしてマクシモスの言葉によれば、アレテーという「魂・人間の善きかたち、徳」によってこそ――たといこの世で「善きもの」とされている多くのものを欠くときにも――、人は幸福なのであり、永遠なる善きものに何らか与りうるという（『難問集』一一七二A―一一七三A、邦訳一五五―一五七頁参照）。

しかし、もとよりそうしたことは、世の多くのわざ・行為が無意味ではかないなどということではない。いたずらに「空しい、はかない」などとうそぶくのは、人間として「在ること」、「善く生きること」の真の意味と根拠との探究を回避して、いわば仮初の自己に閉じ、開き直った態度になりかねないであろう。そこで、基本的なことを一言で言っておくとすれば、さまざまなわざ・行為は、アレテー（善きかたち、徳）を宿す器とも場ともなりうる。すなわち、すべて他者との直接・間接の関わりにおいてわれわれの意志し為すさまざまのわざは、恐らくはその真の成立根拠として現存する神的エネルゲイア・プネウマを、何らか映し出し指し示しているであろう。そしてそれは、身体なしには、この時間的世界に生きるわれわれに現に生成・顕現しえないのである。

言い換えれば、魂と身体とのある種の結合体たる人間（人間的自然・本性）そのものが、神性の宿り・顕現を成り立たせるための場ないし質料であり、広義の身体性となるのである。それゆえそこには古代ギリシア的伝統との対比として、いわば「身体・質料の復権」とも呼ぶべき事態が存しよう。

ただしその際、諸々のわざや活動は、それぞれの人の分（運命）に応じて為すものであって、必ずしも単に人の目に大きなもの、評価されるものである必要はない。人間としての尊厳は、恐らくはそうしたことを遥かに超えたところにあり、他者との関わりの中、どれほど小さな善き意志、善きわざも、それが心砕かれた謙遜と祈りにおいてある限りで、無限なる神の眼差しにあっては尊いものとされるであろう。もとよりわれわれは、自らに与えられた小さな分（役割）と力とを、できるだけ善く育み、善く用いてゆく努力を惜しむべきではないが、為しえたことも為しえなかったことも、すべては神の前におのずと差し出されよう。

受肉の神秘の前に

言うまでもなく、われわれは生まれてからこの方、陰に陽に多くの人々のお陰を蒙って生きている。ある意味で無数の選択肢がある中で、さまざまな行為と生の道筋とを択んできている。そして、一見必然とも偶然とも見える択びのうちに、いわば運命と意志とが織りなすかのような、不思議な縁と出会い（カイロス）が隠されているのである。

そうした生の歩みにあって、喜ばしい出会いに感謝することもあろうし、悲しいこと、苦しいことに人知れず涙することもあろう。あるいはまた、何らかの逸脱や罪に陥ることもあろう。しかし、人とのさまざまな関わりにおいて喜びや悲しみ、またとりわけ反省と悔いをもたらすような出来事を通して、恐らくは、見えざる神が語りかけていると考えられよう。

すなわち、「アレテー（善きかたち、徳）の成立」によって神が何らか身体化し顕現してくるのと同様、他者との関わりにおいて、あるいはむしろ他者の言葉とわざを通して、恐らく神がひそやかにわれわれに語り、われわれを導いているのではなかろうか。

ともあれ、さまざまな出来事が、一方ではわれわれを支え小さからぬ生命を与えるが、他方、懲らしめとともに何らかの悔悟と祈りに促すなら、そうした経験は、結果としてわれわれの魂を多少とも浄め、新たな姿へと生かしめることになろう。そしてそれは、われわれが「すべてのもの、すべてのことに先んじて現存する神の憐れみ」の前に、また「受肉の現在」という謎・神秘の前に、改めて立たされるときでもあろう。

ところで証聖者マクシモスは、本書において筆者が最も依拠してきた『難問集』という著作の最後に、まことに透徹した洞察を語っている。それは、ナジアンゾスのグレゴリオスの「高いロゴスはあらゆる種類のかたち（形相）で遊ぶ。欲するままに、あれこれの世界を区別し完成しつつ」（『乙女への教え』）という一文の解釈として、大きく敷衍し展開されたものである。（グレゴリオスはまた、ある人への追悼文の中で、「兄弟たちよ、生きているわれわれのこの生は束の間のものであり、〔神の〕地上での遊びである」と言っている。）そこで、その中から二、三の卓抜な言葉を少しく引いて、この拙い書の結びに代えたいと思う。

> 受肉の神秘は、偉大な使徒パウロによって――パウロは神的な最も隠された知恵の祭司であるが――「神の愚かさと弱さ」と呼ばれた。それは思うに、〔人知を超えた〕溢れるほどの〔神の〕知恵と力とによる。
> 他方、神的で偉大な〔ナジアンゾスの〕グレゴリオスによって、〔神の〕溢れるほどの思慮のゆえに、「遊

び」とも名づけられている。……実際、「固有にかつ真に存在するもの（神）」に対しては、現に在るもの、そして現象するものなどはすべて、決して「在る」とは看做されない。……そこでわれわれは、神的ロゴスによってこそ、自らの自然・本性の確たる限度（定め）を——流れゆき留まらぬこととしてであるが——獲得しているのだ。そうした姿は、師によって正当にも「神の遊び」と呼ばれた。すなわち、神はこれらのことを通して、われわれを「真に在るもの、決して移りゆかぬもの」へと導くのである。（『難問集』一四〇九A—B、一四一三D—一四一六B、邦訳四一三頁、四一八—四一九頁）

あとがき

本書は、「はしがき」にも記したように、「受肉」という「ロゴス（言葉、根拠）が人間として誕生したこと」（ヨハネ一・一四）の真相を、いわば「愛智の道行き」（＝哲学）の中心的場面に関わることとして、いささか吟味し探究したものである。「受肉の哲学」という書名を掲げたゆえんである。

ところで、「イエス・キリストが神でありかつ人間である」とか、「神性と人性とが不可思議な仕方で（ヒュポスタシス的に）結合した存在である」とかいうことは、教父たちの数世紀にわたる探究を経て定式的表現にもたらされた。ただ本書においては、そのように形成された古来の信仰箇条を尊重しつつも、それらがはじめて見出され語り出された当の原初的・使徒的経験に遡って、「受肉」をめぐる諸々の問題（ないし謎・神秘）を能う限り問い披いてゆこうとしたのである。

なぜなら、何ごとであれ、それが人間と生との根本的な「こと・言葉」であればあるほど、その発見・成立の「はじめ（根拠）」の場面に立ち帰り、自らのこととして見つめてゆくことによってこそ、その真相が何ほどか姿を現してくるからである。この意味で、本書の副題の「原初的出会いの経験から、その根拠へ」という言葉は、この書の論述全体の基本線を示したものにほかならない。

さて、本書の具体的な構成について一言しておこう。そこでの論の流れと章立てには、やや特徴があるからである。

「はじめに」と第一章では、使徒における「キリストとの原初的・霊的出会い」を――それは可能性としてはすべての人に生じうるのだが――「愛智の道行き」のはじめ（端緒）と捉え、彼らの経験した「生の根底的変容」の成立根拠を吟味し問い進めた。その際、とくに注目したのは、「神の働き・霊（エネルゲイア・プネウマ）の現前」ということである。

それは、たとえばパウロに典型的に見られるように、人間的な弱さと罪（神への意志的背反）を打ち砕き否定する力として働いたのだ。それはまた、「罪としての死性」をも凌駕するような「ロゴスのうちなる生命」（ヨハネ一・四）が、新たに生成・顕現したものでもあろう。

しかしそれにしても、右のような「否定（無化）の働き（エネルゲイア）」の生じ来たる由来が問われるとき、われわれは「キリストの十字架と復活」の前に改めて立たされることになろう。この意味では、第一章の論述に直接につながっているのが第四章であり、それは本書の一つの眼目でもある。

証聖者マクシモスの象徴的かつ哲学的な解釈によれば、「十字架と復活の働き・力」は単に外なる対象的な事柄である以上に、時と処とを超えて歴史上の「すべての今」に現前しうるものであった。詳しくは本文の叙述に譲るが、そこでは、マクシモスの透徹した言葉の指し示すところを見定め、その道に少しく与ってゆこうとしたのである。

続く第五章は、第四章のおのずからなる展開として、「他者との霊的かつ全一的交わり（エクレシア、教会）」についてわずかながら吟味したものである。そして、その考察の最後に、「受肉の現在」、すべてに先んじる「神の憐れみの先行」といった事態にも思いを潜めている。それはいわば、「受肉の神秘」を遥かに望見したものであり、論としては開かれたままである。

ところで、それらの章の間に置いた第二章は、マクシモスの主著『難問集――東方教父の伝統の精華』のはじめ（「トマスに宛てて」）の部分を、簡潔にまとめたものである。そこでのマクシモスの論述は、極めて重厚な「ロゴス・キリスト論」であり、古来の教理探究の歴史にあって一つの規範的表現に達しているものであろう。本書ではそれをまず取り上げ、後の論述の礎として提示したのだ。が、それは、論の最後にきてもよい内容を含んでいる。

それに対して第三章においては、目次に示したように、哲学・倫理学上の諸々の主題について、その要となることのみを記した。（もとより教父・中世の文脈では、哲学と神学とは渾然と一体化している。）それぞれに重要な問題であるが、ニュッサのグレゴリオスや証聖者マクシモスなどに関する従来の拙著である程度詳しく扱ったこともあり――また本書があまり大部なものにならないように――、問題点を少しく際立たせることに意を注いだ。すなわち、諸々の問題の根底に神的エネルゲイア・プネウマが現存していることを見つめ、第四章での新たな吟味・探究への橋渡しとしたのである。

なお第六章は、それまでの論述全体を振り返って、やや自分史風に、自由な仕方で哲学的随想として記したものであるので、気楽に読んでいただければと思う。

さて、「受肉」をはじめとして幾つかの主要な、また根源を同じうする問題について、教父たちの言葉に拠りつつ何とか探究を進めてきた。一書を終えた今、改めて思い知らされているのは、ある意味で「聖書が最もむずかしい」ということである。

確かに教父・中世の古典にしても、難解な文脈を数多く含んでいる。しかし、そうした伝統を担った教父、師父たちは、恐らくは旧・新約聖書の指し示す「人間の真実」を（そしてつまりは「キリストの真実」を）、ひとえに凝視し、それを能うかぎり身に宿し体現して生きようとしたのだ。そうした彼らの畏るべき透徹した言葉と生を前にするとき、自らはその道のほんの入口にいると感じるのである。

ちなみに、一言つけ加えるとすれば、我が国の思想伝統においても、たとえば空海、道元、そして世阿弥など、卓越した先哲もまた、外なるさまざまな異なりを超えて人間的生の中心的位相に関する限りは、教父たちが身をもって指し示すものと何らか呼応し、通底していると思われる。（このように言うとき、キリストが「実体・ウーシアの名」ではなく、むしろ無限なる根拠の「働きの名」であることが念頭にある。）

ともあれ、この拙い探究の書が成るためにも、筆者の若き日よりの多くの師友との出会い、あるいは何らか心の琴線に触れた人々との出会いが——生きている方も今は亡き方も含めて——、陰に陽に小さからぬ支えとなり励ましとなっている。個々のお名前を挙げることは控えるが、そうした方々の名を深く胸に刻み、衷心からの感謝を捧げたい。また、従来と同じく、筆者の手書き原稿を連綿とパソコンに打ち込んでくださり、内容についても、校正段階でさまざまに貴重な指摘をしてくださった廣田智子さん（山口県立大学専任講師）に、心から感謝申し上げる。

最後になったが、知泉書館の小山光夫、高野文子両氏には、今回もまた大きなご配慮を賜った。そしてとくに、小山光夫氏の変わることなき情熱と使命感、高い見識は、今の世に稀有なものと思われる。ここに記して、改めて深甚の感謝を捧げる次第である。

二〇一九年　爽秋の日に

谷　隆一郎

註

はじめに

（1）　本書は、神（θεός）、キリスト、信・信仰（πίστις）、そして受肉（神の子の誕生）（ἐνανθρώπησις, incarnatio）などの言葉が真に語り出されてきた「原初的出会い」の場面に遡って、問題の真相をいささか問い披いてゆくことを探究の基本とするものである。この意味でそれは、広義の「哲学」（＝愛智の道行き）でもある。その点に関する限りは、本書もまた、かのソクラテスにおける「愛智の営み」のひそみに倣うものである。

（2）　二世紀から八世紀半ばに及ぶ「教父（教会の師父）の伝統」にあっては、愛智の道行きとしての「哲学」（φιλοσοφία）と、無限なる神をふさわしく称えようとする「神学」（θεολογία）とは、根本において軌を一にし渾然と一体化している。この点、「哲学と神学との分離・独立」といった西欧近代以降の見方（学的枠組み）とは少なからず異なるが、本書においては昨今の時流に捉われることなく、真実の古典たる教父の文脈に忠実に論を進めてゆく。

（3）　拙著の本文では、それぞれの主題についての論述をできるだけすっきりさせるために、哲学・思想史的な事柄に関して直接にはほとんど触れていない。そこでこの註においては、そうしたことについても必要最小限に言及し、本文に対する若干の補足説明ともなればと思う。

第一章　原初的・使徒的経験とその成立根拠をめぐって

（1）　ここに「神人的エネルゲイア」（ἡ θεανδρικὴ ἐνέργεια）とは、元来は擬ディオニュシオス・アレオパギテース（恐らく六世紀はじめのシリアの修道者）の『書簡』四に見える言葉である。証聖者マクシモスは、その言葉や否定神学的な把握を継承し、ゆたかに敷衍し展開しているのである。なお、以下の論述において、神的な「働き」（ἐνέργεια）、「霊」（πνεῦμα）、「働き・霊」（エネルゲイア・プネウマ）、あるいは「神人的エネルゲイア」などの言葉をしばしば用いるが、それらは――それぞれの文脈に多少の違いはあるが——実質的には「同じ神的働き、活動」を指し示しているとしてよい。

(2) 「ヒュポスタシス」(ὑπόστασις) とは、「イエス・キリストとは誰であったか」というキリスト教教理の古来の探究において最も重要な言葉の一つであった。あらかじめ言うなら、使徒たちが「キリストとの原初的出会い」によって、古代ギリシアでの「自然・本性」(φύσις) の秩序ないし完結性」を突破するかのような新しい「現実」を経験したとき、それを指し示す言葉として「ヒュポスタシス」が重要な役割を担うのである。そこで次の第二章では、証聖者マクシモス『難問集』のはじめ「トマスに宛てて」(第一部) に記された「ロゴス・キリスト論」を一まとめし、後の探究の礎とする。

(3) 「神について十全に把握されうるのは、ただ無限ということ (ἀπειρία) だけだ」という(証聖者マクシモス『愛についての四百の断章』、I・一〇〇、『フィロカリア』Ⅲ所収、谷隆一郎訳、新世社、二〇〇六年)。それゆえ教父の伝統にあって、「無限性(根拠たる神の名)」は形相(エイドス)的限定を旨とする古代ギリシア哲学とは異なり、問題の中心的位相に関わっている。

(4) このことは大局的に言うなら、「形相(εἶδος) はそれ自体として在る」とするようなプラトン的な観点(把握)とは——それはいわば無時間的な形相主義・本質主義への傾きを有するが——、根本的に拮抗している。つまり、ヘブライ・キリスト教および教父の伝統においては、人間本性という形相は無限なる神性(存在)をより善く(＝より大に)受容し宿す方向へと、本来はつねに開かれているのである。従って、そこでは「生成」、「時間」、「身体」そして「意志」などが探究の中心線を担うことになる。

(5) ちなみに、本書の表紙の「しるしの聖母」というイコン(聖画像)は、人間的自然・本性(φύσις)の真の開花・成就に関わる「ロゴスの受肉の神秘」を、すぐれて象徴的に証示している。

第二章　証聖者マクシモスの「ロゴス・キリスト論」のまとめと展望

(1) 「ロゴス・キリストの受肉」というキリスト教教理の探究の歴史と、それらをいわば統合した証聖者マクシモスにおける「受肉と神化との関わり」をめぐる論について、詳しくは拙著『人間と宇宙的神化——証聖者マクシモスにおける自然・本性のダイナミズムをめぐって』(知泉書館、二〇〇九年) のとくに第九章を参照。本書は同様の主題を、改めて「キリストとの原初的出会いの経験」に遡って——それは神的エネルゲイア・プネウマないし神人的エネルゲイアの経験であろうが——、普遍的に哲学（＝愛智の営み）の中心的場面に関わることとして、かなわぬまでも吟味し探究しようとするものである。

（2） 神について語られる名が「エネルゲイア（働き）の名」であることについては、四世紀のカッパドキアの教父たちの対エウノミオス論争などにおいてすでに語られている。この点、Basilius, Ep. 189; ibid., Ep. 234, S. Basil, The Letters, III, The Loeb Classical Library, London, 1953; Gregorius Nyssenus, De Beatitudine, PG44, 1269A. など。ただ、エネルゲイアへの注目は、七世紀に至って中心的な主題となる。メイエンドルフも言うように、神的エネルゲイアは神の自然・本性（φύσις）（実体・本質としては知られざるもの）の具体的顕現であり、それゆえエネルゲイアの経験は、つねに神への与り・関与を証示している。J. Meyendorff, Christ in Eastern Christian Thought, c, 7.（『東方キリスト教思想におけるキリスト』小高毅訳、教文館、一九九五年）。

（3） 周知のように「カルケドン信条」（四五一年）において、神性と人性とは「融合せず、変化せず、分割せず、分離せず」、それぞれが自らを全く保持しつつ、一つのヒュポスタシス・キリストへと共合していると語られている。証聖者マクシモスはそうしたカルケドン信条の把握を継承し、それをゆたかに敷衍し展開させているのである。（東方キリスト教世界では、シリア、アルメニア、エジプトなどに反カルケドン派も存続してゆくのだが。）ところで、右のような四つの否定辞は、一言で言うなら、「イエス・キリストにおける神性と人性との結合」がいわば無限性に定位され、神秘（μυστήριον）（耳目を閉じるほかないもの）へと開かれていることを、「閉じられた限定の否定」という仕方で間接的に浮彫にしている。そしてそのことは、人性（人間本性）が限りなく神性に与ってゆくことのできるという、その場と可能性とを、否定表現を介して守っていると考えられよう。なお、カルケドン信条以後の思想史的論述として、J. Meyendorff, Byzantine Theology, Historical Trends and Doctrinal Themes, Fordham University Press, New York, 1983.（J・メイエンドルフ『ビザンティン神学——歴史的傾向と教理的主題』鈴木浩訳、新教出版社、二〇〇九年）の第一部を参照。また、神性と人性との結合・混合のあらゆる様式（型）を古代ギリシア以来の諸伝統との対比によって精査し、「キリスト教的存在概念の成熟」としてヒュポスタシスを意味づけたものとして、坂口ふみ『〈個〉の誕生——キリスト教教理をつくった人々』（岩波書店、一九九六年）が注目される。

（4） 「グノーメー」（γνώμη）（迷いをも含んだ実際の人間的意志の意）とは、証聖者マクシモスが、いわゆる「キリスト単意説」に抗して「キリスト両意説」（イエス・キリストのうちには神的意志と人間的意志とがともに存するとするもの）を主張する際に、鍵となる語として用いたものである。その際、「キリストにはグノーメーがない」とされるが、そのことは、「イエス・キリストとは誰であったか」という使徒たち以来の問いがいっそう深められた局面を示している。そうした「キリスト両意説」についてのやや踏み込んだ考察として、拙著『人間と宇宙的神化』（前掲書）の第九章、および拙稿「神化の道行きと、その根拠をめぐって——キリストの十字架と復活」（日本カトリック神学院紀要、第七号、二〇一六年）を参照。

（5）　このことについて、ニュッサのグレゴリオスは広い視野から次のように語っている。「神が肉（人間）においてわれわれに顕現したことの証明を求めるのであれば、神の働き（エネルゲイア）を見つめるべきである。……われわれがこの世界に働く摂理およびわれわれの生に与えられる神からの恩恵を吟味するならば、われわれは、生成してくるものを創り出し、存在するものを保持する何らかの力が存在していることを把握できよう。それと同時に、肉を通してわれわれに自らを現した神についても、神の働きを受けた驚くべき事柄（奇蹟）が神性の現れの十分な証拠になると考えてきた。語り伝えられているわざのうちに神的本性を性格づけるすべての特性を確認できるからである」（『大教理講話』篠崎栄訳、『中世思想原典集成』2、五六七頁、平凡社、一九九二年）（Oratio Catechetica Magna, 25）。こうした捉え方は、「聖霊においてでなければ、誰もイエスは主であると言うことができない」（一コリント一二・三）というパウロの言葉が、一つの支えとなっている。そしてむろん、大きな典拠となるのはイエス自身の次の言葉である。「もしわたしが父のわざを為すならば、たといわたしを信じなくとも、そのわざを信じよ。そうすればあなたたちは、父がわたしのうちにおり、わたしが父のうちにおることを知りまた悟るであろう」（ヨハネ一〇・三八）。

（6）　第四章で改めて主題化することであるが、証聖者マクシモスによれば、「信とは、われわれの無知によって殺された神の、われわれのうちなる最初の復活だ」（『神学と受肉の摂理とについて』、Ⅳ・七〇、『フィロカリア』Ⅲ所収、谷隆一郎訳、新世社、二〇〇六年）という。そのことは、この時間的世界における「神の、そして存在の生成・顕現のかたち」を探究する際に、一つの根本的な視点となりうる。また、「諸々のアレテー（善きかたち、徳）において身体化した神」という言葉も、同様である。

第三章　人間的自然・本性の開花・成就と神化との道行き

（1）　ニュッサのグレゴリオスのこうした主題については、拙著『東方教父における超越と自己——ニュッサのグレゴリオスを中心として』（創文社、二〇〇〇年）の第二部第三—五章などで、やや詳しく論じた。また、宮本久雄『愛の言語の誕生——ニュッサのグレゴリオスの『雅歌講話』を手がかりに』（新世社、二〇〇四年）は、いっそう聖書学的な知見をもとに「人間のエペクタシスの道行き」をゆたかに論究している。ちなみに、雅歌註解の伝統は、東方・西方キリスト教の伝統にあって小さからぬ底流となっている。すなわち、東方では、オリゲネス（一八四／五—二五三／四）の学統を継承し展開させたニュッサのグレゴリオス、そして伝統の集大成者としての証聖者マクシモス、西方ではベルナルドゥス（クレルヴォーのベルナール）（一〇九〇頃—一一五三）、アビラのテレジア（テレサ）（一五五二—八二）、十字架のヨハネ（一五四二—九一）などの興趣ある神秘神学的著作が存する。

（2）このように「善く」が附加されてくるということは、人間的意志の構造からして素朴でかつ根本的な問題である。なぜなら、「善く意志すること」は——「善く在ること」の成立にも関わるが——、われわれにとって自力では為しえず、実は至難のわざであるからだ。そこに、「自由の深淵」とも言うべきものが窺われよう。なおアウグスティヌスは、『告白』第八巻での凄まじいまでの自己凝視を通して、自らの「原初的罪」の前に立ち、同時にまたわれわれをいわば「創造の神秘」の前に立たせるのである。実際、われわれが他者との関わりにあって「僅かに善く意志すること」すら、その成立の根拠（原因）はわれわれ自身の意志のうちに深く隠されている。そしてそのことは、「ロゴス・キリストの神的エネルゲイア・プネウマの現前とその受容の経験」という本書の中心的主題と通底しているのである。

（3）人間の自由・意志（プロアイレシス）の働きが、単に対象的行為の選択に関わるだけではなく、「新しい存在の現出」（自らの存在の変容・形成）をもたらすことは、古代ギリシア哲学（アリストテレスのプロアイレシス論など）においては主題化されることがない。この点についての明確な論として、今道友信「自由と美と神秘の聯関について——ニュッサのグレゴリオス（2）」（『中世の哲学』所収、岩波書店、二〇一〇年）を参照。ちなみに、この論文はもとは東京大学の『美學史研究叢書』第二輯（一九七一年）中にあり、かつて筆者をニュッサのグレゴリオスに開眼させてくれたものである。

（4）神的エネルゲイア・プネウマ（ないし神人的エネルゲイア）への聴従とその受容・宿りが、「アレテー（善きかたち、徳）の形成」となろうが、それはいわば「受肉の受肉」という基本性格を有する。なぜならそれは、「ロゴスの受肉」という事態が、新たにこの時間的世界に生成・顕現してきたことと解されるからである。このことのうちにメイエンドルフは、「歴史の意味と人間の神化（神的生命への与り）という道行き」を見ている。J. Meyendorff, Byzantine Theology,（『ビザンティン神学』）（前掲書）pp. 163-165.

（5）この点メイエンドルフの言うように、自然科学的知というものは、無限性に開かれた自然・本性（ピュシス）のダイナミズムから離れてしまっており、神的創造の究極の意味（志向するところ）を無視しているので、危険な傾きを有している。J. Meyendorff, Byzantine Theology, pp. 133-134.

(6) 周知のごとく、かつてシナイ山でモーセに対して「わたしは在る」(ehyēh, Ἐγώ εἰμι) ないし「わたしは在るところの者である」(ehyēh asher ehyēh, Ἐγώ εἰμι ὁ ὤν) と自らを啓示した神（ヤハウェ）は、「ヨハネ福音書」の多くの箇所で（四・二六、六・三五、六・四八、八・一二、八・五八、一〇・七、一四・六など）「わたしは……で在る（Ἐγώ εἰμι...）」と語るイエス自身として、時と処とを超えてこの有限な時間的世界に顕現していると解されよう。つまり、超越の極みたる神は、「受肉したロゴス・キリスト」によって、あるいはむしろロゴス・キリスト自身として証示されるのである（ヨハネ一・一八）。ただしそのことは、単に対象化された神認識に関わることではなく、原初的には、「キリストとの霊的出会い」を介した「神的エネルゲイア・プネウマの受容」、「生の根底的変容」という経験からこそ、はじめて見出され発語されてきたこと、すでに述べた通りである。

(7) このことはむろん、「創世記」第三章における「アダム・エバのいわゆる原罪」の解釈に関わる。本書は主として証聖者マクシモスの文脈に拠りつつ論を進めているが、「人間的な精神（mens）と意志の構造そのものに関わる罪」については、やはりアウグスティヌス『三位一体論』第一二巻の象徴的かつ哲学的解釈がとりわけ注目されよう。（それは、ニュッサのグレゴリオスや証聖者マクシモスなど東方教父における把握と、根本では軌を一にしていると思われる。）それについては、拙著『アウグスティヌスの哲学——神の似像の探究』（創文社、一九九四年）の第二部第九章において取り上げた。

(8) 実際ニュッサのグレゴリオスも、人の賛辞や栄光、世の権力などへの愛着を戒めて、簡潔に次のように言っている。「どうして実体的に存在しないものが、美しくありえようか。この現世で重んじられているものは、それが在ると思い込んでいる人の考えの中でだけ在るに過ぎない」（前掲書『雅歌講話』の第四講話、邦訳九三頁）。

(9) 端的に言えば、人間は創造されると同時に、自由に意志し始める。それゆえ、誰しも現実には、「意志的背反」による罪をいわば自由の「負の可能性」として抱えている。つまり、創造は本質的な意味としてはむろん「罪」（いわゆる原罪）に先立つが、現に在るわれわれにとっては、罪の成立と同時的なのである。なお、この点に関しては、シェリングの『人間的自由の本質』（Das Wesen der menschlichen Freiheit）（西谷啓治訳、岩波文庫）の第三「人間における悪の実現」などに注目される論述が見られる。

(10) 同様の表現として、「神は自然・本性として無限で尊ばれるものであって、分有によって神を享受しようとする人々の欲求を、おのずと無限なるものへと伸展させる」（『難問集』一〇八九B、邦訳七〇頁）とある。こうした言葉はむろん、ニュッサのグレゴリオスの語る「エペクタシス」（ἐπέκτασις）（無限なる神性・善性への絶えざる伸展・超出）の捉え方と、深く呼応している。また、「神はわれわれの善きわざを通して自らを顕現させ、自らの住まう聖なる神殿としてわれわれを建てて、あらゆる情念から自由にさせる」（証聖者マクシモス『神学と受肉の摂理とについて』、『フィロカリア』Ⅲ所収、Ｖ・七八）とも語られている。もとより、そのことは東方教父の伝統にあって、「神的働きと人間的自由の働きとの不可思議な協働（συνεργία）」によると洞察されている。

(11) ここで示唆した事柄は、後に第五章の最後の箇所で、改めて根本的な問題となる。それは、「神の憐れみの先行」、「受肉の現在」とも言うべき事態を望見するような文脈においてである。なお、「善く意志すること」や「善きわざ・行為」の成立そのものを問うてゆくとき、その原因・根拠が無限に遡行してしまってはならないという論点については、アリストテレスのいわゆる「矛盾律」（『形而上学』第四巻、一〇〇五ｂ五―三四）や「不動の動者」（それが神とも呼ばれる）（同、第一二巻、一〇七二ａ一九―ｂ一二）などの論が念頭にある。

(12) アレクサンドリアのクレメンスは主著『ストローマテイス』において、つとに「信（πίστις）と知（γνῶσις）との関わり」をめぐって重厚な論を展開している。表記の一文は、後述のグノーシス主義批判の文脈で語られている言葉である。クレメンスにおける「信と知との探究」については、拙著『東方教父における超越と自己――ニュッサのグレゴリオスを中心として』（創文社、二〇〇〇年）の第一部第一、二章参照。

(13) この点に関わることとして、Ｈ・ヨナス『グノーシスの宗教――異邦の神の福音とキリスト教の端緒』（秋山さと子、入江良平訳、人文書院、一九八六年）の第一三章「エピローグ――グノーシス主義、実存主義、ニヒリズム」に、穿った考察が為されている。

(14) ちなみに、証聖者マクシモスによる「魂の先在説批判」は、オリゲネスの（ギリシア風の）創造神話に対するキリスト教的対抗物の形成という点で、東方キリスト教の神学において決定的な一歩であったという。これについて、メイエンドルフ『ビザンティン神学』（前掲書）の第一部第一章を参照。

(15) 証聖者マクシモスのこうした心身論は、古来の哲学・思想史上、一つの範となるものと思われる。なお、探究の具体的文脈は異なるが、アウグスティヌスも『三位一体論』第一〇巻において心身問題についての卓抜な洞察を示している。この点、先述の拙著『アウグスティヌスの哲学』の第二部第七章を参照。

（16）愛や聖霊は、諸々の存在物の知を結合し一つに統べる力を有しているという（『神学と受肉の摂理とについて』Ⅲ・七二、『フィロカリア』Ⅲ所収、二一〇頁）。ただしかし、「愛による再統合」とは修道（神への道）の目的であって、必ずしも人間離れした超自然的なアレテー（徳）の獲得が目的ではないこと、そして神化（テオーシス）に開かれた「自然・本性（ピュシス）のダイナミズム」が中心線を為していることについては、J. Meyendorff, Christ in Eastern Christian Thought（前掲書）, pp. 149-151. を参照。また、結合力としての意志と愛について、アウグスティヌス『三位一体論』の第九巻第八章、第一一巻第四章以下を参照。なお、桑原直己『トマス・アクィナスにおける「愛」と「正義」』（知泉書館、二〇〇五年）は、「神愛による諸々の徳の結合」や「聖霊にもとづく生命エネルギーの充溢」という事柄について、広範に考察している。

（17）これは実は、世阿弥の能楽論「花鏡」中の言葉である。その論において、「幽玄」というものは、単に客体的なものとして在るというよりは、むしろ「少な少なと悪しき事の去る」ような、否定を介した絶えざる生成として現出し、そこに「万能を一心につなぐ感力」が存すると語られている（『日本古典文学大系』65、岩波書店、一九七一年、四二六—四二八頁など）。そうした表現は、東方教父の指し示す「人間本性の（そして学と修道の）本来的な道行き」とも、不思議に呼応するものがあろう。

（18）このことに関連して、諸々の感覚的な力、精神的な力が「より高次の精神的エネルギーへと昇華し変容してゆくこと」について、H・ベルジャーエフ『人間の運命——逆説的倫理学の試み』（野口啓祐訳『ベルジャーエフ著作集』3、白水社、一九六九年）、三〇八—三一六頁など。また、「質料世界の変容」、「創造の継続」について、『ロシアの宇宙精神』（S・G・セミョーノヴァ、A・G・ガーチェヴァ編著、西中村浩訳、せりか書房、一九九七年）のソロヴィヨフとブルガーコフの論考を参照。

（19）ちなみにベルクソンは、『創造的進化』（真方敬道訳、岩波文庫）の第三章「生命の意義について」の中で、「人類ばかりは障害を躍りこえた」のであり、「人間は進化の終端かつ目的をなしている」と語っている。ベルクソンの眼差しは（ヘブライのダイナミズムによりつつ）、人間の成立（創造）の驚くべき謎・神秘に向けられていると思われる。（それは、物質ないし物的要素による「形相（種）の連続的変化」ということから人類の誕生を語るような、ダーウィン流の進化論の与り知らぬところであろう。）また、ベルクソンの『道徳と宗教の二つの源泉』（森口美都男訳、世界の名著53所収、中央公論社）のとくに第三章「動的宗教」には、人間に定位された「創造的エネルギー」、「愛」（神）そして「神秘家」などについて、詳しい考察が見られる。

（20）このような「五つの異なりとそれらの再統合」についての論述として、L. Thunberg, Microcosm and Mediator, The

Theological Anthropology of Maximus the Confessor, Second Edition, Open Court, Chicago and La Salle, Illinois, 1995. を参照。さらに、それを再考・吟味した著作として、同著者の Man and the Cosmos, The Vision of St. Maximus the Confessor, St. Vladimir's Seminary Press, Crestwood, New York, 1895, c. 4-5. がある。

（21）マルセルが『形而上学日記』で述べているように、「傍観者の離脱」と「聖人の離脱」とは根本的に異なる。前者は、神と被造物全体を、あるいは創造と救済といった事柄を「対象化して」眺めるような態度（ある種の客観性の学）であり、後者は、「神の創造的な働きに主体的に参与してゆくこと」である。G. Marsel, Être et Avoir, Fernand, Aubier, 1935（Journal Metaphysique を含む）, p. 25.（『存在と所有』渡辺秀・広瀬京一郎訳、理想社、一九六七年、二二頁）。

第四章　ロゴス・キリストの十字架と復活

（1）こうした事柄については、ベネディクト16世ヨゼフ・ラッツィンガー『ナザレのイエス』II（十字架と復活）（星野泰昭訳、春秋社、二〇一三年）（J. Ratzinger, Benedikt XVI, Jesus von Nazareth, II, Von Einzug in Jerusalem bis zur Auferstehung, Herder, 2010）の三〇〇―三〇六頁など参照。原著は全部で三巻本であるが、聖書学的な重要な知見に満ち、学ぶところ大であった。（なお、著者は現代の聖書学にも造詣の深い方であるが、『ナザレのイエス』第一巻の「はじめに」などにおいて、聖書釈義の批判的・歴史的方法自身の限界を指摘し、旧・新約聖書の真の理解のためにはやはり教父たち以来の洞察に学ぶべきことを語っている。）

（2）メイエンドルフの言うように、「実体・本質」（οὐσία）、「自然・本性」（φύσις）、「ヒュポスタシス」（個的現実、位格）（ὑπόστασις）といった中心的な言葉は、古代ギリシアでの用法に比して「新しい意味（次元）」に変容せしめられた。従って、教父、ビザンティンの伝統を「キリスト教のヘレニズム化」、「東方のプラトニズム」などと見るのは避けるべきである。（そうした一種学的な見方が昨今の西欧での研究に多く見られるのは、恐らく、「ロゴス・キリストの受肉」、「復活」、「十字架」などの中心問題を愛智（＝哲学）の探究の外に置いて、教父たちにおいていわば「素材ないし道具」として用いられているプラトン・アリストテレス的な用語の分析を旨としているからであろう。）J. Meyendorff, Byzantine Theology,（前掲書）pp. 24-25; pp. 36-37. この点また、G. Florovsky, The Idea of Creation in Christian Philosophy, Eastern Christian Quarterly 8, 1949, pp. 53-57. など参照。

（3） 拙稿「神化の道行きとその根拠をめぐって――キリストの十字架と復活」（日本カトリック神学院紀要第7号、二〇一六年）（前掲）、および「証聖者マクシモスのロゴス・キリスト論とその展開――神人的エネルゲイアの経験から、その根拠へ」（同紀要、第9号、二〇一八年）は、そのことについて吟味したものであり、本書の第四―五章の一つの素地となっている。ところで、「キリストにおける神性と人性との結合」が、「カルケドン信条」に見られるように四つの否定辞によって逆説的に示され、「ヒュポスタシス・キリストとして顕現したこと」と、「主体・自己が己れを超えるような脱自的愛を通して、無限なる神性に何らか与りゆくことが可能であること」とは、恐らく表裏一体をなしているであろう。こうした基本線に関しては、前記のメイエンドルフの書のほか、V. Lossky, Théologie mystique de l'Église d'Orient, Aubier, 1944 (The Mystical Theology of the Eastern Church, St. Vladimir's Seminary Press, New York, 1976)（『キリスト教東方の神秘思想』、宮本久雄訳、勁草書房、一九八六年）を参照。

（4） 使徒たちの根源的経験（まさに新しい存在の経験）こそが「復活者イエスへの信仰の母体」であることについては、E・スヒレベーク『イエス――一人の生ける者の物語』（宮本久雄、筒井賢治訳、新生社、一九九四年）の一五二―一六九頁などに綿密な聖書釈義が見られる。

（5） 同時性という問題については、やはりキルケゴール『不安の概念』（著作集第10巻、氷上英廣訳、白水社、一九六四年）が参照されるべきであろう。なお、その書の第三章で、時間および瞬間についての考察から、ギリシア的な見方、ユダヤ的な見方、そしてキリスト教的な見方が、興味深く対比されている。キリスト教的見方は、「永遠的なものとしての瞬間」を時間の充実（いわば時熟）と捉えているという。

（6） 既述のごとく証聖者マクシモスにあって、「キリスト自身の持つ信」が父なる神への聴従（従順）として、いわば「信そのものの範型」と解されている。この点、バルタザールも強調しているように、イエス・キリストはその存在自身が「信・信仰（πίστις）そのもの」であり、われわれが従いゆくべき「信の範型」なのである。してみれば、このことは、「イエス・キリストの信」（ἡ πίστις Χριστοῦ Ἰησοῦ）ないし「神の子の信」（ἡ πίστις τοῦ υἱοῦ τοῦ θεοῦ）という語句を（とくにローマ三・二二、三・二六、ガラテア二・一六、二・二〇、エフェソ三・一二、フィリピ三・九など）、「キリスト自身の信の働き・わざ（ἐνέργεια）」として（ギリシア語のいわゆる主格属格として）解釈することである。H. U. von Balthasar, Spouse of the Word, Fides Christi, Ignatius Press, San Francisco, 1991, pp. 43-79. また、同著者の次の包括的な書も注目される。Cosmic Liturgy (Kosmische Liturgie), The Universe According to Maximus the Confessor, Communio Book, Ignatius Press, San Francisco, 2003.

(7) こうした諸々の事柄については、とりわけベネディクト16世ヨゼフ・ラッィンガー『ナザレのイエス』Ⅱ(前掲書)に、聖書の基本的解釈として、一連の見事な印象深い論が展開されており、間然する所がない。

(8) このことに関して、ミシェル・アンリの『受肉――〈肉〉の哲学』(中敬夫訳、法政大学出版局、二〇〇七年)は、第三部「〈受肉〉の現象学」第四六―四八節で、とくに「言(ロゴス)」と「生、生命」に注目し、「ロゴスの受肉(この世界への到来、顕現)」、「キリストの神秘体」といった中心的事態を、われわれ自身のこととして――現象学的手法を駆使して――明晰なフランス語によって解き明かそうとしている。(その際、著者は教父の中ではエイレナイオスとアウグスティヌスから肝心のことを学び取り、自らの論述の支えとしている。) M. Henry, Incarnation, une philosophie de la chair, Éditions du Seuil, 2000.

(9) 「エクレシア」(ἐκκλησία)(神性の全一的交わり、教会)、「奉神礼(典礼)」、「エウカリスティア」(εὐχαριστία)については、証聖者マクシモスの『神秘への参入』(Mystagōgia)という著作において、極めて含蓄ある卓抜な論が展開されている。拙著『人間と宇宙的神化』(前掲書)の第八章「エクレシアの諸相と、その全一的かたち」は、原典の主要部分を訳出し、それをできるだけ忠実に祖述したものである。

(10) いわゆる「体の復活」(という教理)について附言すると、ニュッサのグレゴリオスは、死によって分離した肉体(身体)が、人間の復活に際しては再び集められて魂と結合し、「魂と肉体(身体)との本性的結合」としての人間の復活(再結合)が生じるという風に語っている。(『大教理講話』第八、第一六章など参照。)こうした捉え方は、証聖者マクシモスの言う「魂と身体との同時的生成」ということと通底していると思われる。つまり、この世界での「人間の生成(創造)」(γένεσις)のはじめの姿は、恐らく根拠たる神的エネルゲイア・プネウマの恵み(憐れみ)によって、「死(ある終極)の後の姿」へと開かれ定位されているのであろう。

(11) ちなみに、『ナザレのイエス』Ⅱ(前掲書)の第三章「足洗い」(救いの神秘と模範)によれば、イエス自身がわれわれのうちで働くので、イエスの働き・わざはわれわれのわざとなる。なぜなら、「わたし(イエス)を信じる人は、わたしが為すわざを為し、またいっそう大きなわざを為すであろう」(ヨハネ一四・一二)と語られているからである。同書はまた、教父たちが「サクラメントゥム」(秘蹟)と言うとき、彼らは、個々の秘蹟のことではなく、「イエスの生と死とを含んだキリストの神秘の総体を考えている」としている。

第五章　他者との全一的交わりとロゴス・キリストの現存

（1）　このことについては、拙著『東方教父における超越と自己――ニュッサのグレゴリオスを中心として』（前掲書）の第七章「神性の全一的交わり」において、多少とも詳しく考察した。

（2）　なお、「イエス・キリストの真実」を、「ヨハネ福音書」のパラクレートス（弁護者、助け主）の解釈を通して明らかにしようとしたものとして、宮本久雄『他者の風来――ルーアッハ・プネウマ・気をめぐる思索』（日本キリスト教団出版局、二〇一二年）の第二部「新約的霊感（プネウマ）に拠る他者の地平」を参照。

（3）　こうした言葉に接するとき、いつも想起されるのは――よく知られた箇所であるが――、ドストエフスキイ『カラマーゾフの兄弟』（米川正夫訳、河出書房新社、一九六五年）中の、ゾシマ長老の早世した兄マルケールの次のような言葉である。「お母さん、ぼくたちはだれでもすべての人にたいして、すべてのことについて罪があるのです。そのうちでもぼくが一ばん罪が深いのです。……その代り、みんながぼくをゆるしてくれます。それでもう天国が出現するのです。」そして、そうした言葉と不思議に呼応する表現として、シエナのカタリナ（一三四七―八〇）は唯一の著作『対話――神と魂との』の冒頭で、次の透徹した祈りの言葉を発している。「永遠なる父よ、隣人の負わねばならぬ罪（苦難）はわたしの罪が原因であるがゆえに、どうかわたしを罰したまえ」（Santa Caterina da Siena, Il Libro, Edizioni Paoline, 1966, p. 27.（Catherine of Siena, The Dialogue, tr. S. Nofke, Paulist Press, 1980）。なお、「同苦」、「全一的なるもの」（キリストのからだ）についての注目される論として、谷寿美『ソロヴィヨフの哲学――ロシアの精神風土をめぐって』（理想社、一九九〇年）の第五章「聖霊の宗教」を参照。

（4）　「ペリコーレーシス」（ピュシスの交流）という重要な言葉については、L. Thunberg, Microcosm and Mediator, p. 229; p. 391; J. Meyendorff, Byzantine Theology,（いずれも前掲書）p. 155 など参照。

（5）　自らの意志であるにもかかわらず、「善く意志すること」の発動がいかにむずかしいかということは、アウグスティヌスが『告白』第八巻において凄まじい自己凝視を通して語っていた。そしてそのことは、既述のように、「自由・意志の負の可能性」としての罪（神への意志的背反）と「罪からの解放、救いの根拠」とは何かという問題に接している。（ついでながらこれは、筆者が大学院でトマス・アクィナスの行為論・意志論を少しく手がけていた頃からの、主な関心事であった。）そうした中心的問題位相については、ニュッサのグレゴリオスや証聖者マクシモスとアウグスティヌスは――東方正教会と西方・カトリック教会との、その後の歴史的・文化的な違いを超えて――、根底において深く呼応し照らし合っていると考えられよう。ちなみに、「善意志」が（神的働きの宿り・顕現として）、「神在り」ということを証示するとのカントの論、つまり『判断力批判』第二篇八六「倫理（道徳）神学（Ethikotheologie）」から八七「神の存在の道徳的証明」の箇所は、恐らく他の著作に比して教父的伝統に最も接近したくだりであろう。

（6）本書では何ら触れなかったが、こうした聖書の言葉は、いわゆる「タボル山におけるキリストの変容」（マタイ一七・一―八）の解釈にも密接に関わっている。というのも、証聖者マクシモスは次のように洞察しているからである。「主は初心者にはしもべのかたちで現れ（フィリピ二・七）、かの変容の山に登るような主に従う力のある人々には、世界の創造の前に存した神のかたちで現れる。〔彼らは、キリストが人の子たちを超えた美を有し、「はじめに在り、神とともに在り、そして神で在った」（ヨハネ一・一）ことを学び知るのだ。（この部分は『難問集』一一二五D）〕。それゆえ、主とまみえるすべての人々にとって、主は同一の姿で現れることはありえず、各々における信の測りに従ってそれぞれの人に別様に現れるのである。」（『神学と受肉の摂理とについて』（前掲書）Ⅱ・一三、Ⅱ・一五）。ともあれ、本書で当初からの主題であった「キリストの復活」と「タボル山での主の変容」という二つの事柄は、いわば使徒的経験の内実としてはほとんど同じ構造を有していると考えられよう。このことについての考察として、拙稿「神化の道行きとその根拠をめぐって――キリストの十字架と復活」（日本カトリック神学院紀要、第7号、二〇一六年）を参照。また、大森正樹『エネルゲイアと光の神学――グレゴリオス・パラマス研究』（創文社、二〇〇〇年）にも、「主の変容は弟子たち自身のそれであり」、「聖書の記事は、人間そのものとしての弟子たちの変容しうる可能性が抜かれてくることに関心が向けられている」と語られている。なお、神的エネルゲイアと神化についての注目される著作として、J. Meyendorff, St. Gregory Palamas and Onthodox Spirituality (tr. by A. Fiske), St. Vladimir's Seminary Press, 1974. がある。

（7）重要な一点を少しく附言しておくなら、神のロゴスと「そのうちの（永遠的な）生命」（ヨハネ一・四）の、「人間本性のうちなる受肉・誕生」（同、一・一四）という事態は、その持続と完成のために、恐らくはなおも人間と歴史を必要とする。そのことに関して、パウロは次の不思議な言葉を――ミシェル・アンリはそれを「途方もない言明だ」としているが――発している。「わたしはキリストの苦難の不足したところを、わたしの肉体（σάρξ）において、キリストの身体（σῶμα）つまりエクレシア（神性の霊的・全一的交わり、教会）のために補っている」（コロサイ一・二四）と。なお、ミシェル・アンリ『受肉――〈肉〉の哲学』（前掲書）は、その最終章「キリスト教による他者への関係――キリストの神秘体」において、ロゴス・キリストの働きが、「キリストを頭とし、われわれすべてが肢体であるような〈キリストの神秘体〉のうちに」現存し、われわれにおける「自己と生との真の成立」の可能根拠として働いていることを、力を尽くして果敢に――あくまで現象学的な筆致を貫きつつ――明らかにしようとしている。

参考文献

本書において使用した主な原典（翻訳）、および内容的に多少とも呼応する書物などを、若干挙げておく。

Maximus Confessor, Liber Ambiguorum (Ambigua), 証聖者マクシモス『難問集——東方教父の伝統の精華』（ミーニュ・ギリシア教父全集、第九一巻）、谷隆一郎訳、知泉書館、二〇一五年。

Ibid., Philokalia, 同『フィロカリア』Ⅲ、谷隆一郎訳、新世社、二〇〇六年。

Ibid., Mystagōgia, 同『神秘への参入（奉神礼の奥義入門）』（ミーニュ・ギリシア教父全集、第九一巻、六五八C—七一八D）

Saint Maxime le Confesseur, Ambigua, tr. par E. Ponsoye, Les Editions de l'Ancre, 1994.

Massimo Il Confessore, Ambigua, A cura di Claudio Moreschini, Bonpiani, 2003.

N. Constas, On Difficulties in the Church Fathers, The Ambigua, Maximus Confessor, ed. and tr. by N. Constas, Harvard University Press, 2014.

Maximus Confessor, The Classics of Western Spirituality, Selected Writings, tr. by G. C. Berthold, Paulist Press, 1985.

A. Louth, Maximus the Confessor, Routledge, 1996.

Maximus the Confessor, Ambigua to Thomas, Second Letters to Thomas, tr. by J. Lollar, Brepols, 2009.

V. Lossky, Théologie mystique de l'Église d'Orient, Aubier, 1944.（V・ロースキイ『キリスト教東方の神秘思想』宮本久雄訳、勁草書房、一九八六年）

Ibid., In the Image and Likeness of God, ed. by L. H. Erickson and T. E. Bird, St. Vladimir's Semary Press, 1974.

J. Meyendorff, Byzantine Theology, Historical Trends and Doctrinal Themes, Fordham University Press, 1974.（J・メイエン

ドルフ『ビザンティン神学——歴史的傾向と教理的主題』鈴木浩訳、新教出版社、二〇〇九年）
Ibid., Christ in Eastern Christian Thought, St. Vladimir's Press, 1975.（『東方キリスト教思想におけるキリスト』小橋毅訳、教文館、一九九五年）
H. U. von Balthasar, Cosmic Liturgy, The Universe According to Maximus the Confessor, Ignatius Press, 1988.
A. G. Cooper, The Body in St. Maximus the Confessor, Holy Flesh, Wholly Deified, Oxford, 2005.
M. Henry, Incarnation, Une philosophie de la chair, Éditions du Seuil, Paris, 2000.（ミシェル・アンリ『受肉——〈肉〉の哲学』中敬夫訳、法政大学出版局、二〇〇七年。）
A. Louth, The Origin of the Christian Mystical Tradition, From Plato to Denys, Oxford, 1981.（A・ラウス『キリスト教神秘主義の源流——プラトンからディオニュシオスまで』水落健治訳、教文館、一九八八年）
A. Nichols O. P., Byzantine Gospel, Maximus the Confessor in Modern Scholarship, T&T Clark 1993.
P. Sherwood, O. S. B., The Earlier Ambigua of St. Maximus the Confessor and his Refutation of Origenism, Orbis Catholicus, 1995.
L. Thunberg, Man and the Cosmos, The Vision of St. Maximus the Confessor, St. Vladimir's Seminary Press, 1985.
Ibid., Microcosm and Mediator, The Theological Anthropology of Maximus the Confessor, Open Court, 1995.

『中世思想原典集成』1、2、3巻、上智大学中世思想研究所編訳・監修、平凡社、一九九二—一九九五年。

『フィロカリア』、I—IX、新世社、二〇〇六—二〇一三年。（証聖者マクシモスの著作としては、『愛についての四百の断章』、『神学と受肉の摂理とについて』、そして『主の祈りについての講話』（いずれも谷隆一郎訳）が第III、IV巻に収められている。）

ニュッサのグレゴリオス『雅歌講話』大森正樹、宮本久雄、谷隆一郎、篠崎栄、秋山学訳、新世社、一九九一年。

同『モーセの生涯』谷隆一郎訳、『キリスト教神秘主義著作集』1、教文館、一九九二年、に所収。

ディオニュシオス・アレオパギテース『神名論』、『神秘神学』熊田陽一郎訳、『キリスト教神秘主義著作集』1に所収。

『砂漠の師父の言葉』谷隆一郎、鈴木（旧姓岩倉）さやか訳、知泉書館、二〇〇四年。

有賀鐵太郎『キリスト教思想史における存在論の問題』創文社、一九八一年。

稲垣良典『神学的言語の研究』創文社、二〇〇〇年。

同『トマス・アクィナスの神学』創文社、二〇一三年。

今道友信『中世の哲学』岩波書店、二〇一〇年。

エミリ・ツム・ブルン、アラン・ド・リベラ『マイスター・エックハルト――御言の形而上学と否定神学』大森正樹訳、国文社、一九八五年。

大森正樹『エネルゲイアと光の神学――グレゴリオス・パラマス研究』創文社、二〇〇〇年。

同『東方憧憬――キリスト教東方の精神を求めて』新世社、二〇〇〇年。

同『観想の文法と言語――東方キリスト教における神体験の記述と語り』知泉書館、二〇一七年。

荻野弘之編『神秘の前に立つ人間――キリスト教東方の霊性を拓く』Ⅰ、Ⅱ、新世社、二〇〇五年、二〇一〇年。

加藤信朗『アウグスティヌス《告白録》講義』知泉書館、二〇〇六年。

熊野純彦『レヴィナス――移ろいゆくものへの視線』岩波書店、一九九九年。

桑原直己『トマス・アクィナスにおける「愛」と「正義」』知泉書館、二〇〇五年。

同『東西修道霊性の歴史――愛に捉われた人々』知泉書館、二〇〇八年。

坂口ふみ『〈個〉の誕生――キリスト教教理をつくった人びと』岩波書店、一九九六年。

佐藤康邦『哲学史における生命概念』放送大学教育振興会、二〇一〇年。

E・スヒレベーク『イエス――一人の生ける者の物語』(第二巻)、宮本久雄、筒井賢治訳、新世社、一九九四年。

関根清三『旧約聖書と哲学――現代の問いの中の一神教』岩波書店、二〇〇八年。

田島照久『マイスター・エックハルト研究――思惟のトリアーデ構造　esse・creatio・generatio 論』創文社、一九九六年。

田島照久・阿部善彦編『テオーシス――東方・西方教会における人間神化思想の伝統』教友社、二〇一八年。

谷　寿美『ソロヴィヨフの哲学――ロシアの精神風土をめぐって』理想社、一九九〇年。

鶴岡賀雄『十字架のヨハネ研究』創文社、二〇〇〇年。

中山善樹『エックハルト研究序説』創文社、一九九三年。

久松英二『祈りの心身技法――一四世紀ビザンツのアトス静寂主義』京都大学学術出版会、二〇〇九年。

A・J・ヘッシェル『イスラエル預言者』（上、下）、森泉弘次訳、教文館、一九九二年。

同『人間を探し求める神――ユダヤ教の哲学』森泉弘次訳、教文館、一九九八年。

宮本久雄『他者の原トポス――存在と他者をめぐるヘブライ・教父・中世の思索から』創文社、二〇〇〇年。

同『他者の風来――ルーアッハ・プネウマ・気をめぐる思索』日本キリスト教団出版局、二〇一二年。

同編著『ハヤトロギアとエヒイェロギア』教友社、二〇一五年。

森　一郎『死と誕生――ハイデガー・九鬼周造・アーレント』東京大学出版会、二〇〇八年。

八巻和彦『クザーヌス　生きている中世――開かれた世界と閉じている世界』ぷねうま舎、二〇一七年。

山田　晶『トマス・アクィナスのキリスト論』創文社、一九九五年。

山本芳久『トマス・アクィナス　肯定の哲学』慶應義塾大学出版会、二〇一四年。

K・リーゼンフーバー『中世における自由と超越――人間論と形而上学の接点を求めて』創文社、一九八八年。

同『中世思想史』村井則夫訳、平凡社、二〇〇三年。

谷隆一郎『アウグスティヌスの哲学――神の似像の探究』創文社、一九九四年。

同『東方教父における超越と自己――ニュッサのグレゴリオスを中心として』創文社、二〇〇〇年。

同『人間と宇宙的神化――証聖者マクシモスにおける自然・本性のダイナミズムをめぐって』知泉書館、二〇〇九年。

同『アウグスティヌスと東方教父――キリスト教思想の源流に学ぶ』九州大学出版会、二〇一一年。

同編訳『キリスト者の生のかたち――東方教父の古典に学ぶ』、知泉書館、二〇一四年。

谷　隆一郎（たに・りゅういちろう）
1945年，岡山県生まれ，神戸に育つ。1969年，東京大学工学部卒業，1976年，東京大学大学院人文科学研究科博士課程単位取得。九州大学教授を経て，現在九州大学名誉教授。博士（文学）。
〔著訳書〕『アウグスティヌスの哲学―「神の似像」の探究』（創文社，1994年），『東方教父における超越と自己―ニュッサのグレゴリオスを中心として』（創文社，2000年），『人間と宇宙的神化―証聖者マクシモスにおける自然・本性のダイナミズムをめぐって』（知泉書館，2009年），『アウグスティヌスと東方教父―キリスト教思想の源流に学ぶ』（九州大学出版会，2011年），ニュッサのグレゴリオス『雅歌講話』（共訳，新世社，1991年），同『モーセの生涯』（『キリスト教神秘主義著作集』1，教文館，1992年），『砂漠の師父の言葉』（共訳，知泉書館，2004年），アウグスティヌス『詩編注解（2）』（『アウグスティヌス著作集』18-Ⅱ，共訳，教文館，2006年），『フィロカリア』Ⅲ（新世社，2006年），『フィロカリア』Ⅳ（共訳，新世社，2010年），『キリスト者の生のかたち―東方教父の古典に学ぶ』（編訳，知泉書館，2014年），『証聖者マクシモス『難問集』―東方教父の伝統の精華』（知泉書館，2015年）など。

〔受肉の哲学〕　ISBN978-4-86285-303-5

2019年10月25日　第1刷印刷
2019年10月30日　第1刷発行

著　者　谷　隆　一　郎
発行者　小　山　光　夫
印刷者　藤　原　愛　子

発行所　〒113-0033 東京都文京区本郷1-13-2
電話03（3814）6161 振替00120-6-117170
http://www.chisen.co.jp
株式会社　知泉書館

Printed in Japan　印刷・製本／藤原印刷

事項索引

あ　行

か　行

さ　行

た　行

な・は 行

ま　行

や〜わ　行

聖 書 索 引